JN139933

幼児期から
中学校入学まで
子育てのコツが
よくわかる！

子どもへの対応を少し変える
だけでお母さんの子育てが
もっと楽になる

ASD（アスペルガー症候群）、ADHD、LD

お母さんができる 発達障害の 子どもの対応策

問題行動を理解して
お母さんと子どもをサポートする本

監修＊宮尾益知　どんぐり発達クリニック院長

河出書房新社

はじめに

最近は夫婦で協力して子育てしているという家庭が増えてきているようですが、
それでも子育ての中心にはお母さんがいることに変わりはありません。
健常の子どもの子育てももちろん大変です。
しかし、発達障害／ＡＳＤ（アスペルガー症候群）・ＡＤＨＤ・ＬＤの子育ては、
周囲と違う子どもに対して感じるあせりや不安感から大きなストレスを
抱えてしまっているお母さんがとても多いのです。
お母さんが不安感やストレスを抱えていると、子どもはそれを敏感に感じ取ります。
お母さんが楽しそうにしていると、子どもは安心して成長していくことができます。
本書は、「どんぐり発達クリニック」院長として多くの発達障害の子どもとお母さんに
接している宮尾益知先生が監修し、発達障害／ＡＳＤ・ＡＤＨＤ・ＬＤの
子どもの子育てしているお母さんの不安感やストレスが少しでもやわらぎ、楽しく子育てが
できる対応策をやさしく解説しています。
お母さんが子どもの特性を理解し、お母さんの大変さをお父さんや家族、そして周囲が理解し、
適切な支援を受けることができれば、お母さんの笑顔が増えます。
いつもお母さんの笑顔を見ている子どもは、大きく成長していくはずです。

Contents

Contents

Contents

第 1 章

これだけは知っておきたい基礎知識
発達障害とは？

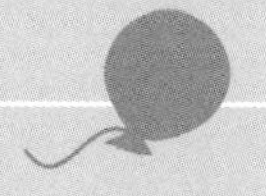

発達障害とは、言語・コミュニケーション・社会性などの発達になんらかの特性（偏りやゆがみ）があることによって生じる不適応状態をいいます。発達障害は、男性の方が多いイメージがありますが、男女の比率はほぼ同じです。本章では、基本的な発達障害の特性について説明していきます。

発達障害ってどんな状態をいうの？

発達障害は、脳の機能などになんらかの問題があるために起きる先天性（生まれつき）の障害と考えられています。

発達障害とはどんな状態なの？

最近「発達障害」という言葉をよく聞きますが、どのような状態なのかなかなか理解されにくいのが現状です。また、近年は診断により発達障害と診断される子どもも多く見られますが、けっして急激に増えたわけではありません。同じような状態の子は、昔から少なからずいたのですが、それほど大きな問題にはなっていませんでした。

また、発達障害は最近まで原因がよくわからなかったこともあり、親の育児法、本人の性格、生活環境のせいだなどと誤解を受けることもありました。

現在では、発達障害は脳の機能に問題があるため、さまざまな症状が出てきて不適応の状態になることがわかっています。発達障害かどうか判断する基準は、社会生活面で問題が生じているかどうか、が判断の基準になってきます。たとえ、ある種の傾向はあっても、社会的にうまく適応していけるのであれば、障害があるとはみなされません。

では、発達障害とはどういった状態なのでしょうか。

発達障害は、子どもが発達していく過程のどこかに（出生前あるいは幼児期、学童期に）問題が生じてくることを指しています。さらに、精神的な症状ではなく、認知（理解、行動する過程）に問題があり、生活・学習上に問題を生じている状態だと考えればわかりやすいと思います。

発達障害は、男女ほぼ同率で現れる障害

発達障害は、男の子が多いと思われがちですが、けっしてそうではありません。発達障害の子どもが生まれる確率は男女ほぼ同率です。では、なぜ男の子の方が多いと思われるのでしょうか。それは、発達障害による行動の出方が男性の方が目立

つためです。女性の場合は、いわば受け身型といって自分から動くより相手に合わせて行動することが多く目立ちにくい場合が多いようです。

しかし、「生きにくさ」という点では女性も男性と同じように感じています。この本では、幼児期から思春期前後までの発達障害の子どもの行動の特徴と母親との関わり方やサポートに関して説明していきます。

発達障害は周囲のサポートが必要な「個性」

本書では、比較的知的な遅れがないASD（自閉症スペクトラム障害／アスペルガー症候群）、ADHD（注意欠如／多動性障害）、LD（学習障害）の3つの発達障害を取り上げます。発達障害は、前述したように生まれながらに脳機能のどこかに障害があることで起こる障害です。

したがって、いつか解消できるというものでもありません。「忘れものが多い」「片付けが苦手」「特定の勉強が苦手」といった問題が生じると、周囲は本人の努力が足りないのではないか、と思ってしまいます。しかし、そうではありません。

そのためには、子どもはどのように発達していくか、大人になるまでの間に必要な「発達の段階」を知っておきましょう。この段階のどこかがうまくクリアできない場合が、発達障害と考えられる子どもたちです。

発達の特性は、程度の差はあるものの一生その傾向が残ると考えられています。つまり「かぜが治る」、「切り傷が治る」と同じような意味で「発達障害が治る」ということはあまり期待できません。そこで、「障害を治す（治癒させる）」ことを目指すのではなく、「サポートが必要な個性」というようにとらえて、成長の過程に合った適切なサポートを行なうことが重要になってきます。

本書で取り上げる発達障害のタイプ

ASD（自閉症スペクトラム障害／アスペルガー症候群）

「コミュニケーションの障害」「社会性の障害」「興味・活動の限定」という行動面の認知特性があります

ADHD（注意欠如／多動性障害）

「不注意」「衝動性」「多動性」という行動面の認知特性があります

LD（学習障害）

「読む」「聴く」「話す」「書く」「計算する」「推論する」などの機能の中で一つ以上の領域に遅滞を認める特性があります

発達障害は、併存していることもある

ASDとADHD、ADHDとLDというように複数の障害を併せ持っている場合もある。また、突発的で不規則な体の動きや発声をくり返す「チック障害」などと併存する場合もあります

発達障害の特性は、2~3歳頃から目立ち始める

発達障害の特性は、3歳頃までに気づかれることが多いですが、女の子の場合は、小学校に入学しても目立たずに気づかれない場合もあります。

発達障害に見られる特性は、生後すぐにはわかりません。発達障害の診断は、多くは1歳6ヵ月や3歳の健診で「ことばの遅れ」をきっかけにその特性に気づかれることがあります。その年齢までに到達しているはずの行動に達していないことが発達障害の診断につながります。診断が確定するのは3歳頃までのことが多いようですが、赤ちゃんの頃（乳児期）にもその特徴がみられることもあります。

赤ちゃんの頃の特徴としてあげられているのは「手のかからない子」「人見知りをしない子」というものです。あるいは「泣き始めるとなかなか泣き止まない」「人見知りが強い」というものです。正反対の特徴ですが、そのどちらも発達障害の子どもの乳児期にみられる特徴とされています。特に女の子の場合は「手がかからずおとなしい子」と見られるケースが多いようです。

気になるかんしゃく、気にならないかんしゃく

生後1年を過ぎると、赤ちゃんはいろいろなことに関心を持ち、自分でやってみよう、確認してみようという気持ちが強くなります。その際にうまくいかない、または思い通りにすすまないときに子どもはかんしゃくを起こすことがあります。なぜ、かんしゃくを起こしているのか、あるいはなぜ、かんしゃくが収まらないのかを周囲の大人が理解できるようなかんしゃくは、それほど気にしないでもよいかんしゃくといえます。

気になるかんしゃくとは、パニックとも呼ばれる状態で、どうしてかんしゃくを起こしているのか周囲が理解できない。あるいは、通常のやりかたでかんしゃくがおさまらない状態です。このような場合、私たちの想像を遥かに超えるフラストレー

ションや葛藤を子どもが体験しているという可能性があります。

　発達障害の特性の一つに「感覚の過敏性」があります。これは、あらゆる感覚（見たり、聞いたり、触ったりいわゆる五感）が非常に強かったり、あるいは歪んだ形で感じられるという体験を意味しています。小さな音がジェット機の轟音のように聞こえたり、抱っこされることがざらざらして痛みに感じたりすること、これが感覚の過敏性です。感覚の過敏性が幼児のかんしゃくにつながっていることもあります。

気になる「かんしゃく」の例

★初めての場所では、よくかんしゃくを起こす

予定が突然変わる、急に外出するなど普段と違う行動が理解できていない場合がある。

★話しているうちに、大きな声を上げてしまう

考えられる理由

言われていることが理解できない場合がある。

★何もしていないのに突然かんしゃくを起こす

考えられる理由

何かしてほしいことがある、何かほしいものがある、何か気づいてほしいことがあるのに自分の意思や要求が伝えられない場合がある。

★いつもと違う部屋で食事をしようとすると、大きな声をあげる

空間の雰囲気・様子が突然変わったので何をすればいいのかわからない場合がある。

★テレビの音量を変えただけでかんしゃくを起こす

考えられる理由

（子どもにとって）不快な音や声が聞こえる場合がある。

性別・年齢によっても特性の現れ方が異なる

　幼児期には、保育園や幼稚園あるいは習い事などで、子どもの集団の中で過ごす時間があります。その際に集団行動が上手にできるかどうかという点も、発達障害特性に気づく上で大切な意味を持ちます。

　たとえば、集団の中にいても他の子どもにまったく関心を持たない、一人で遊ぶことを好む、集団でのお遊戯などでかたまったり逃げ出したり、指示にうまくのれない、などの行動は発達障害の特性を示すサインと考えられます。

　このように、発達障害の特性は、乳児期、幼児期、学童期というようにその年齢や性別によっても現れ方が異なります。発達障害の診断をつけることを急ぐ必要はありませんが、発達障害の特性に気づいて支援を考慮することは早いほうがいいと思われます。

発達障害のサインを見逃さないで！

子どもの発達は個人差が大きく、障害の種類によって特性が現れる時期も異なってきます。

非言語的（言葉を使わない）コミュニケーションができない

赤ちゃんは、言葉を覚える前から身近な人との間でコミュニケーションする能力を身につけています。言葉を使わなくても、ケアをしてくれる人との間で気持ちが通じ合う・相手の気持ちがわかる、などのやりとりができます。これを非言語的コミュニケーションといい、もっとも原始的なコミュニケーションです。言葉を使わないコミュニケーションは、言葉による（言語的）コミュニケーションの発達や社会性の発達の基礎になるものです。

お母さんが抱っこしながら「話しかけ」をしても目を合わせて笑わない、というのは、言葉を使わないコミュニケーションが取れていないという状態を意味しています。生まれてから6ヵ月以上経つのにお母さんが抱っこしていても視線を合わせようとしない、あやしても反応がないという場合はASDの疑いがあります。生後6～8ヵ月ごろには、赤ちゃんは自分の名前を呼ばれたり聞きなれた声を聴いたりすると声がする方向を見て笑ったり、返事をするように声を出したりといった反応をするようになります。

赤ちゃんが9～10ヵ月を過ぎてもこうした呼びかけに対してほとんど反応を見せない場合は、耳の聞こえ（聴力）の問題やコミュニケーションの発達の問題を疑う必要があります。聴力の問題は早期に診断するほうがいいので、心配なときは医療機関で聴力検査を受けましょう。

抱っこを嫌がったり一人でも平気な赤ちゃん

赤ちゃんは、抱っこが大好きです。お母さんに抱っこされることで安心します。ところが赤ちゃんの中には感覚が過敏なために抱っこされることを嫌がる子がいます。

「特性」の一つに「感覚の過敏性」があります。皮膚感覚が過敏な赤ちゃんは、触られるとびりびり・ちくちく・ひりひりなどと感じてしまい、抱っこされてもなんとなく落ち着かない状態になってしまうのです。

また、赤ちゃんは、おなかがすいたりおむつが濡れたりすると、泣いてそのことをお母さんに知らせます。このような「身体的・生理的」な感覚に対し、発達障害の特性を持つ赤ちゃんは鈍感なことがあります。そのため、一人でベッドに寝かされていても、さびしがって泣いたり、ぐずったりせずにおとなしくしている赤ちゃんもいます。「手のかからない赤ちゃん」に対しては、意識して手をかけるようにすることも大切なことです。

お母さんの後を追わない赤ちゃん

赤ちゃんは、ハイハイができるようになると、どこへでもお母さんの行くところについて回る「あと追い」という行動が始まります。

また、お母さんを呼ぶように声をだすこともあります。これらはいちばん身近な存在である母親から離れることに対する不安（「分離不安」）を意味する行動です。不安になったときに安心できる相手を求める行動を「愛着行動」といいますが、「特性」を持っている赤ちゃんは、この「愛着行動」をあまり示さない場合があります。こうした行動がすべて発達障害のサインというわけではありません。特性の現れ方は一人ひとり違うので、赤ちゃんの行動で気になることがあったら、すぐにお医者さんに相談しましょう。

それぞれの年齢で見られる 発達障害のサイン

1歳未満

✖ ASD
- いわゆる「手のかからない赤ちゃん」
- 泣かない
- 一人で寝かされていても平気
  あやしても笑わない
- 視線が合いにくい

✖ ADHD
- 特性がみられることはほとんどない

◀1歳

◀2歳

2～3歳ごろ

✖ ASD
- 言葉が出ない
- だれかと遊ぶより一人が好き
- おもちゃや衣服など一つの物に執着する
- 名前を呼んでも反応しない
- 視線を合わせない
- 一人にされても泣かない
- 眠らない
- 偏食が激しい

✖ ADHD
- 注意しても話を聞いてない
- 落ち着きがなく動き回る

◀3歳

3～4歳ごろ

✖ ASD
- 言葉が増えず、会話が成立しにくい
- 他人との感情の交流がない
- いろいろな物や手順・儀式的なことに
  こだわりがみえる
- かんしゃくを起こすとおさまりにくい

◀4歳

✖ ADHD
- しつけができない
- じっとしていない
- 興味がクルクル変わる

基本的な特性──ASD＝自閉症スペクトラム障害（自閉症／アスペルガー症候群）

ASD＝自閉症スペクトラム障害の子どもは、「社会的なやり取りの障害」「コミュニケーションの障害」「こだわり行動」という3つの特性（三つ組みの特性）を持っています。ASDの子どもには、3つの特性を持っていても知的な遅れや言葉の遅れのない場合もあります。

ASDの

1 人との関わり方が苦手
（社会的なやり取りの障害）

- 人と目を合わせない
- 名前を呼ばれても反応しない
- 相手や状況に合わせた行動が苦手
- 自己主張が強く一方的な行動が目立つ

2 コミュニケーションがうまくとれない
（コミュニケーションの障害）

- 言葉の遅れ
- 言われた言葉をそのまま繰り返す（オウム返し）
- 相手の表情から気持ちを読み取れない
- たとえ話を理解することが苦手

3 想像力が乏しい・こだわりがある
（こだわり行動）

- 言われたことを表面的に受け取りやすい
- 「ままごと遊び」をあまりしない
- 決まった順序や道順にこだわる
- 急に予定が変わるとパニックをおこす

ASDの基本的な特性とは

ASD（自閉症スペクトラム）は、コミュニケーション能力や社会的な関係を作る能力、そしてものごとの応用力に偏り（こだわり）があります。幼児期は、特に女の子の場合、ASDの特性が目立たず気づかれないこともあります。

しかし就学するころになると、空気が読めず周囲になじめなかったり孤立してしまうことがあります。

マイペースな対人行動

・相手の気持ち・状況を考えない
　マイペースな言動が目立つ
・人見知りしない
・よく話すが、自分の言いたい
　ことだけを中心に話す
・思いついたことをそのまますぐに
　口に出してしまう
・友だちと遊んでいても、
　飽きたり他に興味が移ると、
　途中でも平気で抜けてしまう
・周囲からは、自分勝手でわがままと
　思われることが多い

早くて達者な言葉の発達

・言葉の遅れがなく、
　むしろ早いことも多い
・難しい言葉や漢字表現、英語表現を好む
・年齢の割に大人びた言い方、
　ていねいな言い方をする
・表情の表出は普通に可能なことが多い
・プロソディ表出の障害はないか軽い＊－1
・反響言語は少ない＊－2
・冗談・比喩はわかることが多いが、
　皮肉の理解は困難
・言葉を表面的に受け取りやすく、
　言外の意味を理解しにくい
　代名詞の理解が困難なことがある

－1；プロソディ＝イントネーションやリズムのこと
－2：反響言語＝言われたり聞いたりしたことをそのまま使うこと（オウム返し）

融通がきかない行動

・「ごっこ」遊びや
　ストーリーのある物語を作れるが、
　パターン化することが多い
・気になったことを繰り返し言ったり、
　聞いてきたりする
・決まりきった言動が多い
・自分が納得したルールには
　誰でも守ることを要求しやすい

その他

・ADHDと同様の行動特徴
　（多動、注意力障害など）を
　示すことが多い
・手先が不器用なことが多い
・被害者的な言動が多い
・文字が乱雑なことがある
・教えていない文字が早く読める
　ようになることがある。

基本的な特性――ＡＤＨＤ（注意欠如　多動性障害）

ＡＤＨＤ（注意欠如／多動性障害）は、「不注意」「多動性」「衝動的」という３つの基本的な特性を持つ発達障害です。ＡＤＨＤは、ＬＤや自閉症スペクトラム障害などの他の発達障害と併存している場合もあります。

ＡＤＨＤの３つの基本的な特性

ＡＤＨＤは、英語で「attention-deficit hyperactivity disorder」（注意欠如多動性障害）といい、不注意、落ち着きがない（多動性）、よく考えずに行動する（衝動性）という３つの特性を持っています。アメリカ精神医学会が定めた診断基準（ＤＳＭ）では「知能発達に大きな遅れはなく、環境によるものが原因ではないにもかかわらず、多動、衝動性があり、注意が集中できない状態」を指します。

３つの特性を子どもの場合に限って、説明してみましょう。

1 不注意

- 集中力がない
- モノをよくなくす
- 細かいことに気が付かない
- 忘れ物が多い
- 特定のことに注意を留めておくことが困難で、課題に取り組んでもすぐに飽きてしまう。

2 多動性

- じっとしていられない
- 授業中も席を立ってウロウロする
- 静かに遊んだり、読書をしたりすることが苦手
- 手や足をいつもいじっている
- 授業中でも物音をたてたりする

3 衝動性

・順番を待てない
・列に割り込む
・先生からあてられる前に答える
・他の児童に干渉する

ＡＤＨＤの子どもは主な特性の他に、他の障害を併せ持っている場合も多くあります。たとえば、ＬＤを持っている子は6割、不安障害や気分障害を持っている子は2～7割となっています。また、自分の興味のあることに対しては、驚くほど集中することができます。ＡＤＨＤは、頭の中が自分の興味のあることでいっぱいになっていて、その他のものが入ってこない状態ともいえるのです。

ＡＤＨＤの特性は、小学校入学前に現れる場合が多い

ＡＤＨＤの子どもの特性は4歳以前、遅くとも7歳以前に現れてくることが多く、12歳ごろに気づかれることもあります。一方、多動があまり目立たず、注意が集中できないことを主に訴える注意欠如障害（ＡＤＤ＝attention-deficit disorder）の子どもは、問題行動がそれほど目立たないこともあって、青年期まで、もしくは青年期以降もきちんとした診断がされないことがあります。

ＡＤＨＤが初めて本で紹介されたのは１８４５年にドイツの医師、ハインリッヒ・ホフマンが自分の子どものために作った絵本『もじゃもじゃペーター』でした。１９４０年ごろには、軽い脳炎後や頭部外傷を受けた子どもたちが、あとになって極端によく動き、過度に不注意で、衝動的になることがあることから、ＡＤＨＤは脳になんらかの微細な損傷が起きたために症状が現れてきたのだと考えられ、微細脳損傷症候群と呼ばれたり、一過性の脳の機能不全と考えられて微細脳機能不全とも呼ばれたりしていました。

また、症状そのものを表す診断名として小児期多動反応、過活動児童症候群などとも呼ばれていたのです。その後、先ほど説明しましたＤＳＭなどが診断に使われるようになり、「多動が中心の症状ではなく、注意を集中あるいは持続することが困難（不注意）なために、多動、衝動的になる」と考えられ、ＡＤＨＤという診断名が用いられるようになっています。

また、ＡＤＨＤによる問題行動は、発達障害の中で唯一薬物治療によって緩和できます。

基本的な特性――LD（学習障害）

LDとは、英語のLearning Disorderの略で日本では学習障害と訳されます。医療的な意味の障害ではありません。脳の認知機能＝「読む」「聞く」「話す」「書く」「計算する」「推論する」といった機能のいずれかに不具合が生じたシステムの問題と捉えられています。

LDの基本的な特性は、6つの能力の問題

LDの基本的な特性は、知能全般は正常であっても「聞く」、「話す」、「読む」、「書く」、「計算する」、「推論する」といった6つの能力の1つ以上の修得や使用に障害がある状態を指します。LDの特性は、同じように現れるのではなく一人ひとり異なります。また他の発達障害と併存している場合もあります。

聞くことの障害

- 会話が理解できない
- 文章の聞き取りができない
- 書き取りが苦手
- 単語や言葉の聞き誤りが多い
- 長い話を理解するのが苦手
- 長い話に集中できない
- 言葉の復唱ができない

話すことの障害

- 筋道を立てて話すことが苦手
- 文章として話すことが苦手
- 会話に余分なことが入ってしまう
- 同じ内容を違う言い回しで話せない
- 話が回りくどく、結論までいかない

書くことの障害

- 文字が書けない
- 誤った文字を書く
- 漢字の部首（へんとつくり）を間違う
- 単語が書けない、誤った文字が混じる
- 単純な文章しか書けない
- 文法的な誤りが多い（「てにをは」の誤りなど）

読むことの障害

- 文字を発音できない
- 間違った発音をする
- 促音（小さな「つ」）や拗音（小さな「や」「ゆ」「よ」）を発音できない
- 単語を読み誤る（例えば「つくえ」を「つえく」と読んでしまうなど
- 文字や単語を抜かして読む
- 読むのが遅い
- 文章の音読はできるが、意味が理解できない

計算することの障害

- 数字の位どりが理解できない
- 繰り上がり、繰り下がりが理解できない

＊数字は1～9となり繰り上がりで10と0から始まるという概念が理解できない。

- 九九を暗記しても計算に使えない
- 暗算ができない

推論することの障害

- 算数の応用問題・証明問題・図形問題が苦手
- 因果関係の理解・説明が苦手
- 長文読解が苦手
- 直接示されていないことを推測することが苦手

診断を受けて、今後の対応と対策を考える

女の子の場合は、男の子に比べて特性が現れてくる時期が遅い場合があります。発達について気になったら早めに専門の医師に相談しましょう。

発達が気になったら医師の診察を受ける

子どもの発達について気になったり発達障害の特性に似た行動が見られたら、医師の診察を受けてみましょう。気になることがあったら早期に相談することが大切です。診断は早ければよいというわけではなく、特に女の子の場合は、就学前には発達障害の診断がつきにくい場合もあります。

発達障害は、通常3歳ぐらいまでに症状が出現することが多いのですが、女の子の場合は、その特性に気づかれないまま思春期を迎える例もあります。特に「言葉の遅れ」や「集団に適応できない」などといった特徴がない場合は、その特性に気づくことが遅くなります。発達障害は早期の支援が重要ですが、女の子の場合は、特性による行動が目立ち始めたり、気になった時に診察を受けましょう。

医師の診察はどこで受けられる？

発達障害については、一般的には小児科で相談することができます。大学病院や総合病院では、小児科の中に「思春期外来」という特別な外来を設置している場合もあります。ただ、思春期外来は、発達の問題だけでなく身体的な問題も扱いますし、担当する医師が専門でないという場合もあります。

精神科にも児童思春期の専門外来が設置されていることがあります。こちらは、児童精神科医によって専門的な診察を行うことができますが、実際には児童思春期外来を有する精神科は非常に少数です。インターネットなどを利用して近隣の医療機関の情報を調べたり、「精神保健福祉センター」や「発達障害支援センター」に相談してみましょう。

医師の診断をもとに支援の方向性を決める

発達障害による生きづらさを感じたまま成長することで、二次障害としてさまざまな精神疾患が発症する場合があります。診察してもらうことによって、発達障害の診断だけでなく、思春期に現れる心の問題についても相談にのってもらうことができます。

また、ADHDは薬物治療によって効果が上がる場合もありますので、医師の診察が必要になるのです。

幼児期（3～5歳）にチェックしたい発達障害のサイン

- □ 偏食が多い
- □ 言葉が出ない
- □ 手のひらを自分に向けて逆さバイバイをする
- □ 文字にまったく興味を示さない
- □ 指差しができない
- □ 人の手をとってモノを得る「クレーン現象」
- □ オオム返しに言う
- □ 気に入ったことをいつまでも続けている
- □ 目を離すとどこかに行ってしまう
- □ 手をつないでいても振り切って行ってしまう
- □ 新しいこと、モノ、場所を受け付けない

公的支援を積極的に利用し負担を減らす

特性を持つ子どもを支援するさまざまな公的サービスや機関があります。子育てに不安やとまどいがあったら、自分だけで抱え込んだり悩まず積極的に利用しましょう。

公的機関を積極的に利用する

発達障害の子どもには、さまざまな支援が必要です。そうした支援を保護者だけで行うことは現実的に不可能です。そこで、各地域にある子どもの支援を行っている公的機関を積極的に活用しましょう。

就学前には、各市町村にある保健所や児童相談所で相談できます。地域の子ども発達センターなどでも定期的に発達相談や二次検診を行なっていますので、まず電話で相談してみましょう。

また、小学校高学年以上が対象と

相談できる公的機関

● 保険／医療機関

地域の保健所や保健センターでは子どもの発達の相談にのっています。乳幼児期だけでなく学童期でも相談できます。医療機関では小児神経科や児童精神科が専門に診てくれますが、近くにない場合は、まず、かかりつけの小児科に相談しましょう。

● 児童相談所

各自治体に設置してあり、18歳未満の子どもに関するさまざまな相談に応じる機関。教育や生活全般、子どもの発達状況や障害に関する相談や悩みなどに幅広く対応しています。
http://www.mhlw.go.jp/support/jidousoudan/

● 発達障害者支援センター

発達障害児（者）への支援を総合的に行う専門機関です。保健、医療、福祉、教育、労働などの関係機関と連携し、発達障害児（者）と、その家族からのさまざまな相談に応じ、指導と助言を行っています。
http:// www.mhlw.go.jp/seisaku/dl/17a.pdf

● 精神保険福祉センター

心の健康相談（引きこもり、精神障害など）の窓口で、各都道府県に一つ以上は設置されています。
http://www.mhlw.go.jp/kokoro/support/mhcenter.html

● 大学の研究室に併設された総合相談センター

発達障害に関する相談窓口を持っている大学もあります。
例：東京学芸大学教育実践研究支援センター（電話相談窓口がある）

金銭的な公的援助制度

自治体では該当する人に、「療育手帳」（自治体により名称が異なる）や「精神障害者保健福祉手帳」などを発給しています。これを持っていると、療育など福祉医療にかかる費用の補助、公共交通機関の割引、福祉サービスなどを受けることができます。

障害を持つ20歳未満の子どもを対象に、月々一定の金額を援助する「特別児童扶養手当」という制度もあります。

くわしい内容については、居住地の役所の保健福祉課や児童相談所などで聞くことができます。

◆利用の可能性が考えられる公的な援助

療育手帳制度

（都道府県により「愛の手帳」「みどりの手帳」など名称が異なる）

知的発達に遅れがあり、社会生活の適応がむずかしい人が対象。１～５年の更新制。子どもの発達の程度によって受給基準の該当からはずれることもあります。

精神障害者保健福祉手帳制度

精神の障害があり、長期にわたって日常生活や社会生活に制約がある人が、福祉の援護を受けやすくすることを目的に交付されます。

特別児童扶養手当制度

身体や精神に障害がある20歳未満の児童を育てている人を対象に、月々一定の手当を支給する制度。障害の程度により１級と２級に分かれています。

なるのは、各都道府県にある精神保健福祉センターです。センターでは、子どもの発達や行動面の問題の他に、家庭内暴力や引きこもりなどについても相談することができます。子どもと一緒に相談に行くときは、どんなところか、何をするところかを前もって説明して、子どもの不安を取り除いてあげることも重要になります。

COLUMN

「手抜き」育児のススメ!?

特性があっても神経質になる必要はない

発達障害の特性が目立つようになるのは、2歳前後といわれています。とはいえ、この時点で神経質になったりあわてる必要はありません。発達障害の特性は、放っておいても悪化することはほとんどありません。幼児期は、小さな問題には神経質に対応するより、「見守る」ことが大切になります。

発達の特性を早期に発見し治療することも大切ですが、幼児期はお母さんやお父さんと一緒にいて、子どもが安心できることが何よりも大切なのです。お母さんやお父さんの不安や焦りは子どもにも伝わります。子どもが「できないこと」を心配するより、子どもが楽しく成長できるにはどうしたらいいのか、考えて上げましょう。

子どもの特性に気がついたら、家族やお医者さん・専門家などできるだけ多くの「サポーター」を作っておくことも大切になります。

無理せず「ほどほど」育児で長くサポートする

お母さんにとっては、子どもの特性を受け入れることだけでも大きなストレスになってしまいます。他の子に比べて手のかかる育児、子どもの将来に対する不安……。一生懸命まじめに頑張っているお母さんほど育児によるストレスが大きくなっている場合が多いのです。

子育てのストレスが続くと、うつ状態になってしまうことも多いようです。その結果、育児放棄や虐待行為、夫婦関係や家族の崩壊にまでつながる場合もあります。

特性がある子どもだからと、必要以上に一生懸命になりすぎたり神経質になってしまうこともあるでしょう。そこで、お母さんを孤立させないように、お父さんや家族のサポートも必要です。

お母さんを責めたり、責任を押し付けたりすることは、お母さんのストレスを大きくするだけです。お母さんが疲れを感じているようなら、お父さんや家族に家事を分担してもらったり、気分転換に友人と外出するなど気分転換しましょう。

特性があるからと子どもがまだ小さいうちから将来の心配をしたり、必要以上に頑張る必要はありません。「ほどほど」に手を抜いて、お母さんも子どもと一緒にゆっくり育っていけばいいのです。

第2章

母親が陥りやすい 子育てのトラブルと対応策 ～ASD～

【幼児期～学童期】

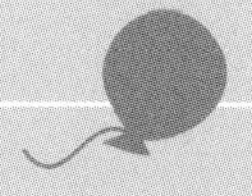

ＡＳＤ（自閉症スペクトラム障害／アスペルガー症候群）の特性を持つ子どもは、ほかの子どもとは違う行動をとり、まわりを戸惑わせることがあります。

❶ 言葉がなかなか出てこない……

ASDの子どもによく見られる基本的な特性の一つが、言葉の問題です。2〜3歳になってもなかなか話そうとしないので、不安や焦りを感じがちです。

そもそも〝話したい〟という欲求に乏しい

ASDには基本的な特性が3つあり、その一つに「コミュニケーションの障害」があります。

たとえば、2〜3歳になって、アーウーといった声（喃語）は出しても、「パパ」「ママ」「ワンワン」「ブーブー」など意味のある言葉が出てこない、言葉を覚えようとしないという例が多く見られます。また、「お名前はなあに?」と聞くと「なあに」と答えたり、「本を持ってきて」と頼むと「持ってきて」と返すなど、言われた言葉をそのまま返す（オウム返し）こともよく見られます。子どもは問いかけや指示の意味を理解しているのではなく、言葉をそのまま覚えて口にしているだけなので、こうしたことが起こるのです。一方、問いかけや指示の言葉に答えない、反応を示さないこともあります。

逆に、2歳を過ぎたころから、よく話すようになる子どももいます。むしろ言葉の数が多く、年齢のわりに難しい表現を使う場合もありますが、これは覚えた言葉を口にしているだけで、意味を理解していて、相手に何かを伝えようとしているわけでありません。

こうした言葉の発達の遅れや偏りは、ASDの子どものほとんどに見られ、人と話したいという欲求が少ない、自分の気持ちを伝えるのが苦手であるというコミュニケーション

の特性からくるものです。

言葉以外の小さな変化に目を向けてみよう

　相手の言葉を理解し、自分の気持ちを言葉で伝えようとすることは、人間関係を構築するために欠かせないコミュニケーションです。ところが、ASDの特性がある子どもは、人に対する興味や関心があまりありません。そのため、人と話すために言葉を覚えようとしない、言葉を使おうとしないという状況が起こると考えられています。

　ただし、言葉の発達は個人差があります。成長するにしたがって言葉を覚え、話せるようになる子どももいます。

　そこでお母さんは、「言葉が出る・出ない」だけに注目せず、ほかの小さな変化に目を向けるようにしましょう。

　実は特性を持つ子どもにとって、「言葉が出る」というのは大変ハードルの高いことなのです。言葉を発するまでには、「お母さんと目を合わせる」「気になるものを指さす」「音を出す」「動作を真似する」など、なんらかのアクションを起こす段階があります。「今まではやっていなかったけれど、最近こんなことをするときがある」という小さな変化に気がつき意識を向けると、子どもが着実に成長していることが実感できるはずです。

　子どもが3歳ぐらいまでは、あまり神経質にならずに気になる点があったら、定期検診時に医師に相談してみましょう。

ASDのコミュニケーションの特性

- 言葉の遅れ
- 言われた言葉をそのまま返す（オウム返し）
- 相手の表情から気持ちが読み取れない
- ことわざ、たとえ話、皮肉を理解することが苦手

以下要再考

- むしろ早い言葉の発達
- 難しい言葉や表現を使う
- 年齢の割に大人びた話し方をする

お母さんが楽になる 1ポイント！

子どもの成長は百人百様です。昨日は見られなかったほんの小さな変化を見るようにしましょう。

トラブル

❷ほかの子と遊ぼうとしないのは、なぜ？

ＡＳＤの子どもは、「人と関わるのが苦手」「人に対する関心が薄い」という特性があります。そのため、一人でいることが苦にならない場合もあります。

同年代の子がいても あまり関心を示さない

子どもが赤ちゃんのときに、「いない、いない、ばぁ」をしてどんな反応を示したでしょうか。

赤ちゃんは、自分をあやしてくれる人の方を向いたり、ほほえんだり、声を上げるなど、なんらかの反応をするものです。これは自分をかわいがってくれる人、世話してくれる相手との距離を縮めようとする「愛着行動」です。また、ハイハイができるようになると、お母さんのあとをついて回る「後追い」が始まります。いちばん身近な存在である母親から離れると不安になるためにする行動ですが、そこにはお母さんと一緒にいたいという思いがありま す。ところが、ＡＳＤの赤ちゃんは、「愛着行動」も「後追い」もしない場合があります。

家族にも 関心を持たないこともある

ＡＳＤの子どもの中には、人と関わるのが苦手という以前に、人の顔が覚えられない「先天性相貌失認（そうぼうしつにん）」という特性を持つ子がいます。赤ちゃんのときに、お母さんに目を向けない、近くにいても気づかないといったことが思い当たるようなら、お母さんの顔を認識できていない可能性があります。特性を持つ子どもは家族にも愛情を見せない場合がありますが、その理由に顔を覚えられない特性が関わっているのかもしれません。

この特性は成長しても変わることはありませんが、「声」や「背格好」などでだれかを見分けることができるようになってきます。そこで家族と接するときに子どもの表情に変化が見られなくても、気長に声かけをするようにしましょう。子どもは、お母さんや家族を嫌っているわけではない、ということを理解して接してあげましょう。

一般的に3歳くらいになると、行動範囲が広がって家族以外の人とも関わるようになり、友だちと遊ぶことも増えてきますが、特性のある子どもは一人で遊ぶのを好みます。たとえば公園に行って、同年代の子どもたちが遊んでいても、そこに入って一緒に遊ぼうとはしません。そもそも人に対する関心が薄く、関わりを持つことが苦手だからです。そのため、一人でいることに不安やさびしさを感じることがなく、一人で遊んでいても平気です。

「ひとりぼっちでもいい」ととらえることが大事

お母さんにしてみれば、多くの友だちと一緒に遊ぶことで、協調性を身につけたり、思いやりの心を育んでほしいと思うことでしょう。友だちと遊べるようになるために、自分に何かできることはないかと考えるかもしれません。

しかし、ASDの特性のある子の場合は、だれかがはたらきかけることで、友だちと遊べるようになることは期待できません。無理に、同年代の子どもの輪の中に連れて行っても、おそらくだれとも関わらずに、一人で好きなことをして遊んでいることも多いはずです。

こうした場合、「ひとりぼっちでもいい」「一人遊びを楽しめるならOK」ととらえることが重要です。この特性は、経験や学習を積み重ねれば変わるというものではないので、今後も友だちと遊ぶのは難しいと考えられます。むしろ、子どもがどんなものに興味を示して遊ぶのか、いろいろなものに触れる機会を意識的に設けてみましょう。そのなかで興味が向くものと向かないものを少しずつ把握しながら、子どもの遊びの可能性を広げてあげましょう。

お母さんが楽になる 1 ポイント！

子どもはひとりぼっちをさびしいとは思っていません。一人遊びを楽しんでいる様子なら、よしとしましょう。

❸ 好ききらいが激しく、きらいなものは食べてくれない

ＡＳＤの基本的な特性として、「こだわり行動」があります。そのこだわりが食事にも向かい、気に入った食べ物しか口にしない子が少なくありません。

同じものばかり食べるのは、こだわりが強いから

ＡＳＤの特性がある子どもは、食事に対しても強いこだわりを示し、悩んでいるお母さんは少なくありません。毎日決まったものや好きなものしか食べない、白いご飯でないと食べない、パンは焼かないと食べない、きらいな野菜を取り除いてから食べる、コップでジュースは飲むが缶ジュースは飲まないなど、さまざまです。

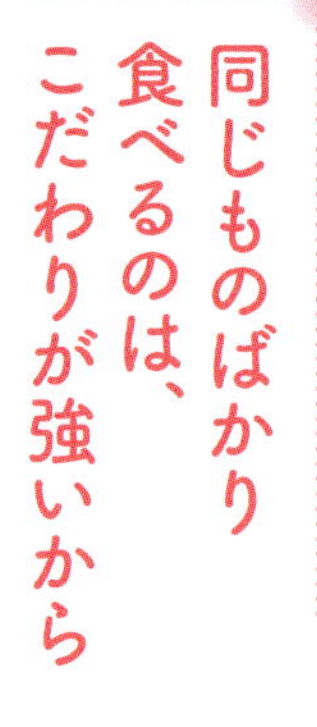

　また、こだわりが食べ方に向かう例もあります。たとえば、朝食に出したグラノーラを、穀物、ナッツ類、ドライフルーツに選り分けて、それぞれを別々に食べる子どもがいました。また、ある子どもは、カレーライスのルーとご飯を別の皿に分け、ひと口ずつ交互に食べるというケースもあります。そうした食べ方が、ある日なにかをきっかけにガラッと変わることもあります。

　こうした偏食や独特の食べ方は、単なる好ききらいによるものではありません。食べ物の味、色合い、におい、舌ざわりなどの感じ方が通常とは少し違うために起こっていると考えられます。

小さなこともほめて、食事を楽しい時間に

　お母さんとしては、子どもの好ききらいをなるべくなくしたいと思う

でしょう。どんな食べ物もまんべんなく食べた方が、栄養バランスの点からしても好ましいと思うかもしれません。しかし、偏食がもとで栄養失調になり、健康が損なわれたという実例はめったにありません。

それよりも、偏食や独特の食べ方を直そうと必死になるあまり、「○○を残しちゃダメでしょ」「○○を食べないと、□□もあげないよ」などとつい大きな声で叱っていませんか。いくら指示や命令をしても、子どもにとってはどうしようもないことだと理解しましょう。

食事は毎日のことです。そのたびに叱られたのでは、楽しいはずの食事の時間が、苦痛なものになってしまいます。食べないことや残したことを叱るよりも、好きなものを全部食べたことを「えらいね」とほめてあげましょう。すると、子どもにとって食事は楽しい時間になります。「もっとほめられたい」という子どもの意欲をうまく利用して、「今日は、こっちのお豆を食べてみようか」とやさしく誘導してあげるのもいいでしょう。これで食べられるようになる場合もあります。たとえ食べられなくても、「明日また挑戦してみよう」と声をかけましょう。

また、カラフルなお皿に盛りつける、苦手な野菜をおもしろい形にカットしてみるなど、気を引くようなアレンジをしてみると、興味を引いて食べるようになることもあります。子どもの好みに合わせて、いろいろ工夫してみましょう。

お母さんが楽になる 1 ポイント！

普通の子どもでも、食事の悩みは尽きないものです。まずは「食事＝楽しい時間」になるように心がけてみましょう。

❹ 意味のない動作をいつまでも繰り返すのが気になる

同じ動きを飽きずにいつまでも繰り返すことも、よく見られる特性です。無理にやめさせようとすると、不安に陥ってパニックになる場合もあります。

なんらかの理由があって同じ動作を繰り返している

手をひらひらさせる、上半身をゆらゆら揺らす、飛び跳ねる、ぐるぐる回る、同じ場所を行ったり来たりする……。このように同じ動作をいつまでも繰り返すことを、専門的には「常同行動」といいます。ほかにも、部屋のドアを開けたり閉めたりする、ソファーやベッドの上をいつまでもジャンプし続ける、口にものを入れたり出したりする、爪を噛む、頭を打ちつけるなど、子どもによって動作は多岐にわたりますが、はた目には意味のあることには見えないため、気になるのも無理はありません。

子どもが常同行動を行う理由は、いくつか考えられます。たとえば、新たな刺激を求めているときです。特性のある子どもは、活動や興味の範囲が限られているので、ほかに何をすればいいかわからない場合があります。

そこで同じ動作を繰り返したり、特定のものにこだわるということが起こるようです。また、不安や緊張をやわらげる方法として、同じ動作をする場合もあります。特性がない人でも、手をこすり合わせたり、無意識に貧乏ゆすりをしていることがあるでしょう。それと似ているかもしれません。あるいは、何かを訴えようとしていることも考えられます。「痛い」「かゆい」「欲しい」な

ど伝えたいことがあっても、言葉でコミュニケーションをとるのが苦手なために、行動で示している場合が多いのです。

無理にやめさせることは逆効果になる

このように常同行動は一見ムダな動作のように見えても、子どもにとっては何らかの意味があるものです。それが本人や周囲の人に危険が及ぶものではなく、本人もそれで落ち着いているようなら、無理にやめさせる必要はありません。無理にやめさせようとすると、機嫌が悪くなったり、不安に襲われてパニックを起こす可能性もあります。子どもにとっては大切な遊びの一つととらえて、できるだけ大目に見てあげましょう。

もし、本人がイライラしている様子だったり、爪を噛みすぎて血が出る、頭を打ちつけすぎてケガをするなどがあるようなら、不安やストレスの要因を見つけて取り除いたり、新たな刺激を与えるなど対応を工夫してみましょう。また、ドアの開け閉めの音が気になるという場合は、ドアの縁にクッション材を張りつけて音が出ないようにするなどの対策を講じるといいでしょう。

成長するにしたがって、子ども自身がさまざまな方法で気持ちを安定させたり、刺激を得る方法を学んでいくので、徐々に常同行動が見られなくなったり、別の行動へと変わっていくケースも少なくありません。

常同行動をする理由

刺激を求めている
外部から刺激を得る機会が少ないため、自ら刺激をつくりだしている。

不安や緊張をやわらげている
同じ動作をすることで気持ちを落ち着かせている

要求を訴えている
言葉で伝えるかわりに、要求を行動で示している

行動に納得していない
一つの行動に納得がいかないと、何度もやり直してしまう

楽しい
ふと行った行動が楽しかったから、気に入って何度も繰り返している

癖になっている
何らかの理由で始めたが、やがて行動自体が癖になってしまうこともある

お母さんが楽になる 1ポイント！

子どもにとっては意味があり、今必要だからしている行動です。成長とともに徐々に見られなくなることも多いようです。

❺ところかまわず泣きわめいたり、突然奇声をあげたときはどうしたらいい？

ＡＳＤの特性のある子どもは、突然かんしゃくを起こすことがあります。物事の意味を理解するのが苦手なため、大きな不安に包まれるからと考えられています。

不安や緊張が高まるとかんしゃくやパニックを引き起こす

かんしゃくやパニックは、ＡＳＤの特性がある子どもによく見られる問題行動の一つです。赤ちゃんのときは、あまり泣かず、おとなしくて手のかからなかった子でも、３歳を過ぎるころから、急に奇声を上げる、泣き叫ぶ、自分や他人にかみつく、ものを投げつけるなどの行動が現れる場合があります。場所や状況にかかわらず突然起こり、なだめてもなかなか落ち着かないため、お母さんはどうしていいかわからなくなってしまいます。

こうした行動をとるのは、おもに３つの原因が考えられます。一つは、何か不快な刺激を受けたときです。特性のある子どもは感覚が過敏なため、突然大きな音が聞こえた、強い光を見た、いやなにおいがしたなど不快な刺激を受けると、不安や緊張を覚えて混乱してしまうのです。同様に、行動のスケジュールが突然変わるなど、予期しないことが突然起こったときも、不安や戸惑いを感じてかんしゃくを起こすことがあります。

また、自分の要求や気持ちをうまく伝えられない、言われたことが理解できない、相手の表情が何を意味しているのかわからないときなども、かんしゃくやパニックの要因となります。

状態がおさまるまで見守ることが基本

子どもは、お母さんになだめてもらったり、抱きしめてもらったりすると落ち着きます。しかし特性のある子どもは、言葉を理解したり、人の気持ちをくみ取るのが苦手なうえに、人に触れられることをきらう場合もあり、なかなか落ち着いてくれません。そこでかんしゃくやパニックが起こったときは、「こうするしかないんだ」と受け止めて、人がいない静かな場所に移動して落ち着くまで見守りましょう。無理になだめようと話しかけたり、「静かにしなさい！」と命令口調で叱るのは逆効果です。そうして静かになったら、「泣くのをやめてえらいね！」とやさしくほめてあげましょう。

お母さんが楽になる 1 ポイント！

かんしゃくは、子どもが気持ちを落ち着けるための方法の一つです。「他人の手を借りず、一人で（気持ちを）処理しようとしているんだ」ととらえてみましょう。

かんしゃくやパニックを起こしやすい状況と要因

- **初めての場所**
  初めての環境になじむのが苦手
- **突然の変更**
  当初の予定が変わる、急な外出、いつも通っている道が通行止めなど、突然の変更に対応することが苦手
- **音や光など強い刺激**
  テレビのボリュームを上げる、サイレンを鳴らす車が近くを通る、カメラのフラッシュをたくなど、大きな音や強い光に敏感
- **人に触られる**
  手をつないだり、頭をなでられるなど、人に触られるのが苦手
- **してほしいことがある**
  何かしてほしいことがある、ほしいものがあるなど、自分の意思や要求をうまく伝えることができないとき

そして子どもがかんしゃくやパニックを起こすのはどんなときなのか、要因を突き止めることも大切です。たとえば、大きな音が苦手な子なら、外出時にイヤーマフ（ヘッドファン型の防音保護具）などを携帯して、騒音を減らしてあげましょう。雨が降ってきて行先を変えるなど、突然の予定の変更に対応できない子には、前もって変更するかもしれない行先を教えておくといいかもしれません。

伝えたいことがなかなか伝わらないときにかんしゃくを起こすという場合は、絵や写真、マークや文字などなど子どもが理解しやすい視覚的な方法でコミュニケーションをとってみましょう。「おもちゃ」「おやつ」「お水」などの絵カードを用意しておいて、子どもが何かを伝えようとしていると感じたときに、そこから選ばせるなども有効な方法です。

❻ 話したことをきちんと理解してくれない……

特性のある子どもは、言葉で説明や指示されたことを理解できない場合があります。また、あいまいな言葉や遠回しな表現なども苦手な場合があります。

長い言葉かけやあいまいな表現は理解しにくい

ＡＳＤの子どもは、言葉の発達に遅れや偏りがあり、言葉で話しかけられたことをうまく理解できない場合が少なくありません。

まず、全般的に長い話が苦手です。たとえば、「いすに座っておやつを食べましょう」と指示すると、立ったままおやつを食べ始めてしまう場合があります。これは話が長かったために、「いすに座って」の部分を忘れてしまい、「おやつを食べましょう」の部分だけが伝わったのです。また、「お皿を持ってきて」と頼んだのに、スプーンを持ってくるというケースもあります。これは「持ってきて」の意味は理解していますが、「お皿」がわからなかったのかもしれません。

ほかにも、あいまいな表現が理解できないことがあります。たとえば、「ちょっと待ってて」「すぐに行くわよ」といわれると、とても戸惑います。「ちょっと」や「すぐに」が、具体的にどれくらいの時間なのかがわからないからです。同様に、「こんなことをしていいと思っているの？」「好きにしなさい」なども、つい口に出がちな言葉ですが、子どもにすればどういうことなのかピンときません。お母さんが愛情表現で「おバカさんね」とやさしくいっても、「私ってバカなの？」と言葉通りに受け取ってしまいます。

これらは、特性のために「想像する力」が乏しいため、経験や記憶をもとに言葉からイメージを広げたり、状況に応じて意味を使い分けて理解したり、言葉の裏にある別の意味を想像するといったことが難しいためだと考えられます。

短く、はっきりと、具体的に話すのがポイント

話を理解できないときは、言葉のかけ方を工夫してみましょう。まず

は、できるだけわかりやすい言葉を使って、短く伝えるのがコツです。「いすに座っておやつを食べましょう」なら、先に「いすに座ろうね」といい、座ってから「おやつを食べましょう」と二つに分けます。その際、一語一語はっきりということが大切です。子どもが知らない言葉を使う場面では、あらかじめカードに絵を描いておいて、見せながら話すといいでしょう。

「ちょっと」「すぐに」「こんなこと」といった抽象的な言葉、「目が回っちゃった」「おなかがパンクしそう」といった比喩の言い回し、「手を貸して」などの慣用句、あるいは皮肉や遠回しな表現などは極力使わないようにしましょう。「ちょっと待って」は「3時まで待って」、「手をちゃんと洗って」は「手は10回こすって洗おう」など、時間や回数を示すのがポイントです。

話したことが子どもにうまく伝わらないと、ついイライラして大きな声を出したり、命令口調でいいがちですが、それは逆効果です。声に驚いて萎縮したり、それが引き金となってパニックを起こす場合もあります。穏やかで、やさしい言葉かけを心がけましょう。

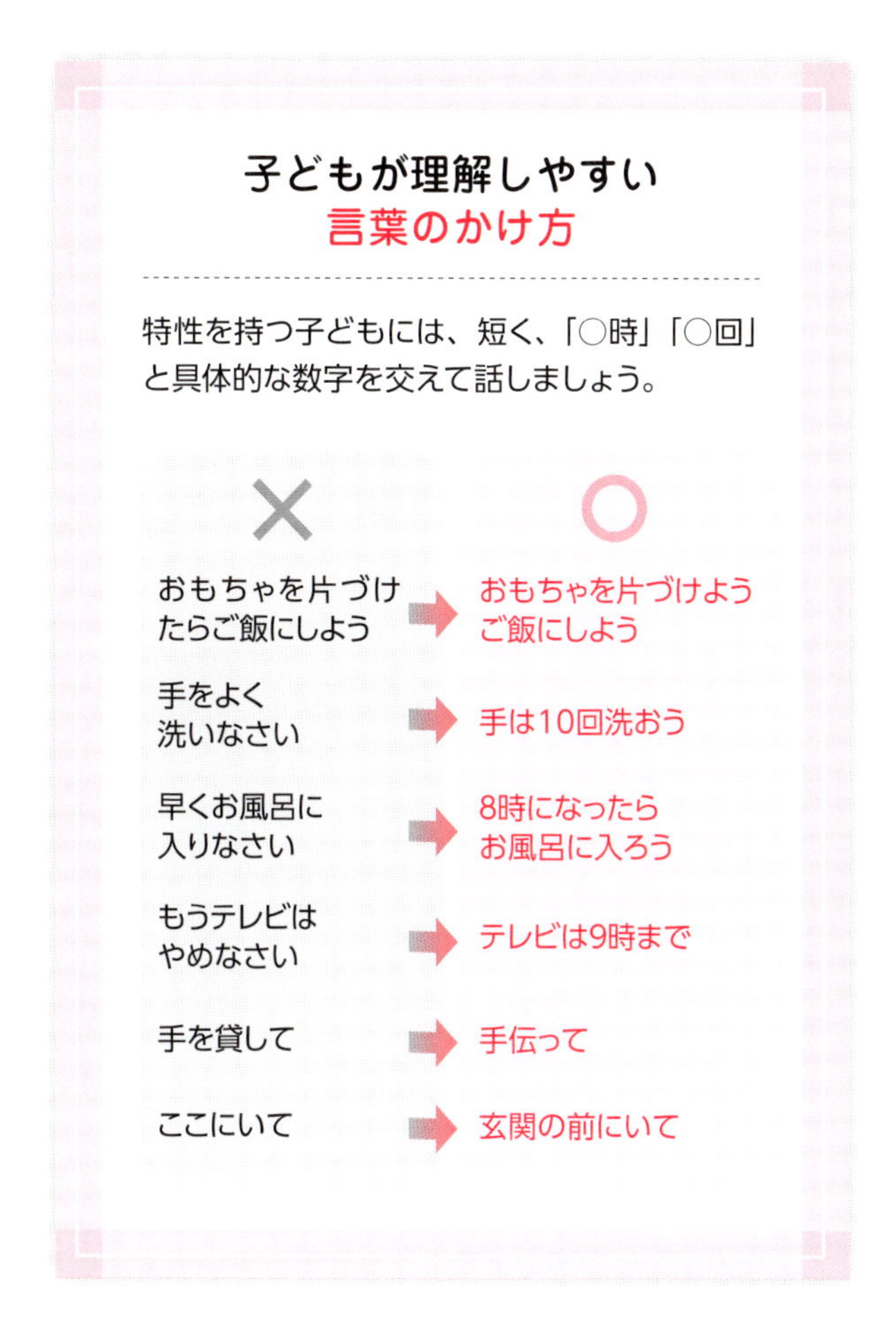

子どもが理解しやすい 言葉のかけ方

特性を持つ子どもには、短く、「○時」「○回」と具体的な数字を交えて話しましょう。

×	○
おもちゃを片づけたらご飯にしよう	おもちゃを片づけよう ご飯にしよう
手をよく洗いなさい	手は10回洗おう
早くお風呂に入りなさい	8時になったらお風呂に入ろう
もうテレビはやめなさい	テレビは9時まで
手を貸して	手伝って
ここにいて	玄関の前にいて

お母さんが楽になる 1 ポイント！

お母さんの言葉かけを理解できたときの子どもの表情やリアクションに注目して、“我が家のコミュニケーション”を築いていきましょう。

❼ 教えても毎日の生活習慣がなかなか身につかない

特性のある子どもは、頭のなかで優先順位をつけながら行動することが苦手です。次にやることがわからないと、不安や戸惑いを感じてしまいます。

毎日やる事に優先順位をつけることが苦手

朝起きたら顔を洗って、ご飯を食べて、トイレをすませてから幼稚園や学校に出かける――。お母さんが声かけをしたり、一緒にやってあげれば、こうした生活習慣を一つずつこなすことはできるかもしれません。しかし、自分の頭で考えながら、やるべきことに優先順位をつけて行動するのは、特性のある子どもにとってはハードルの高いことです。

また、10分、30分、1時間といった時間の感覚を理解するのも苦手なので、「30分たったら宿題をやろう」「1時間たったら歯を磨いて寝よう」などと、自分で予定を立てるのもうまくありません。そのため、次の行動がわからずに不安や戸惑いを抱えながら生活しています。

そこで基本的な生活習慣を身につけさせるために役立つのが、スケジュール表です。1日にやることを時系列に並べた表をつくっておくと、「次に何をすればいいのか」がわかって、戸惑うことなく行動できるようになります。特性のある子どもは文字よりも絵や写真の方が理解しやすい場合も多いので、イラストを使うなどひと目でわかるように工夫しましょう。

子どもがひと目でわかるスケジュール表をつくろう

最初からやるべきことをたくさん詰め込んで、細かいスケジュールを立ててしまうと、その時間通りに行動しようとして、かえって混乱してしまう子どももいます。まずは欲張らずに、子どもの状態に合わせてつくるのがポイントです。

たとえば、幼稚園や学校に行くまでの時間に特化してスケジュール表をつくってみましょう。朝にやることのうち、優先順位の高いものを3〜4つピックアップし、カードにその予定を書いて簡単なイラストも添えておきます。その際、時間と連動して覚えられるように、時計のイラストも一緒に描いておくといいでしょう。そのカードを大きなコルクボードやマグネットボードなどに時系列に張って、子どもの目につく場所に設置しておきます。それを見ながら予定をこなせるように、お母さんが声をかけてサポートしてあげてください。

こうして一つひとつの生活習慣が身についてきたら、1日を通したスケジュール、1週間、1カ月と、子どもの成長に合わせて要素を増やしていきましょう。

一般的にASDの子どもは、一度覚えたことは次からできるようになる場合が多いようです。子どもがスケジュール通りにできたときには、その都度「よくできたね」「すごいね」とほめてあげたり、ごほうびをあげましょう。「がんばろう」という気持ちが高まってきます。

お母さんが楽になる 1 ポイント！

生活習慣は一つひとつ丁寧に教えてあげましょう。一度覚えると、そのあとは一人できちんとできるようになることが多いようです。

COLUMN

すばらしい才能や能力を持っているケースもある

ＡＳＤの特性を持つ子どもは、苦手なことや関心が向かないことがある一方、ずば抜けた才能や能力を持っていることがあります。

２０１４年に製作された「僕と世界の方程式」という映画をご存知ですか。これは大好きだった父親が亡くなって、周囲に心を閉ざした少年が、国際数学オリンピックのイギリス代表チームの一員に選ばれ、成長していく過程を描いた作品です。この主人公の少年はＡＳＤ（自閉症）で、他人とのコミュニケーションが苦手なのですが、数学の理解力にはずば抜けた才能を持っていました。

ＡＳＤの特性を持つ子どもの中には、このようにすばらしい才能や能力を備えている場合があります。映画のように数学が得意で、大人でも解けないような計算をすらすら解いてしまう子、１００年分のカレンダーの日付と曜日をすべて暗記してしまっている子、複雑なジグソーパズルのピースを裏返しにしたまま完成させる子、一度聴いたメロディーをすぐにピアノで弾ける子などさまざまです。特性のある子どもは、言語に関する左脳の発達は遅い傾向がありますが、空間認知能力、音楽や美術など芸術分野に必要な能力を司る右脳は優位に発達するため、こうした特別な力を発揮できるのではないかと考えられています。

もし、子どもが一つのことにもくもくと取り組んでいたり、特定のものに強く興味を示すようなことがあるなら、存分にやらせてあげましょう。得意分野を伸ばして、自信を持たせてあげたり、それを社会で生かせるように支援することは、子どもの豊かな人生につながっていくのではないでしょうか。

第3章

母親が陥りやすい
子育てのトラブルと対応策
〜ASD〜

【思春期（小学校中学年〜中学校入学）】

思春期は、心も体も子どもから大人へと移行する大事な時期です。ＡＳＤの子どもも、思春期に入ればその時期特有の不安や悩みが生まれます。そんな子どもの心身の状態を理解して、どのように接していけばいいのでしょうか。

❶ 最近、子どもがやる気を失っているみたい……

思春期前ごろから、まわりの人が気になり始めます。ＡＳＤの子どもも、「ほかの人と違う」ことを意識し始め、孤立感や劣等感を抱いたりしやすくなります。

思春期はほかの人との違いに気づいて劣等感を抱きやすい

思春期は、第二次性徴（男子の場合は声がわりなど、女子なら初潮など）にともなって9～12歳ごろから始まります。この時期になると、だれでもまわりの人が気になってくるものです。それは「自己への同一性（アイデンティティ）」を確立する上で、とても重要なことです。しかしその一方で、ほかの子どもと自分を比べて、自信をなくしたり、劣等感を抱いたりしやすくなる時期でもあります。

特性のある子ども同じです。「ほかのみんなはできるのに、どうして自分は同じようにできないんだろう」と違和感を持つことが少なくありません。

特性のある男の子は、小さいころから「ダメでしょ」「どうしてできないの」などと親や先生から注意されがちです。そうしたほかの人との違い（異質性）を「自分はダメな人間なのかな？」と欠点のようにとらえてしまうことがあります。

また、特性のある女の子の場合は、幼児期には特性が目立たず、小学校に入るまでは「おとなしい子」「素直な子」とまわりから言われたり、入学後も得意科目では成績がいいことをほめられたりする子が多いものです。ところが、思春期にさしかかるころになると、女の子同士の会話に入れなかったり、余計なひと言を言って同性から「変な子」「空気の読めない子」と敬遠されたりして、孤立感や劣等感を抱いてしまうことがあります。

いいところや得意なことを見つけてあげよう

特性のある子どもが、「自分はダメな人間なんだ」「私って変なの？」と感じてしまうのは、見方を変えれば、周囲の関わり方が大きく関係しているといえます。特に大人たちの不注意なひと言や「もっとがんばればできる」といった具体性のない（はげましの）言葉かけが、子どもたちの劣等感を強めてしまうケースもあるのです。

たとえ特性があっても、いいところ（長所）や得意なことが必ずあります。まずはそこを見つけて、ほめてあげましょう。また、一般的には欠点と思われることでも、とらえ方を変えれば、長所になる場合もあります。たとえば、「融通がきかない」のは「まじめ」であったり、「思ったことをつい口にしてしまう」のは「素直で正直」であるともいえます。お母さんはこのようにポジティブにとらえてあげて、「まじめでえらいね」「素直ないい子だよ」と、言葉をかけてほめてあげましょう。

特性があっても、きちんと伝えれば素直に受け止めるものです。お母さんが子どものいいところを認め、ほめてあげることによって、「自分はこれでいいんだ」と自己肯定感が生まれ、やる気もわいてくるようになるはずです。

お母さんが楽になる 1 ポイント！

子どもが他人との違いを気にしだすのは成長の証しです。子どもの気持ちに寄り添い、いいところをいっぱいほめて、自己肯定感を育んであげましょう。

❷ 学校の授業についていけなくなった

得意・不得意がはっきりしているため、苦手な科目の授業についていくことが難しくなり成績が落ちてくる場合があります。

得意なことと苦手なことがはっきりしてくる

学年が上がるにしたがって授業についていけなくなることがあります。

その理由として、まず得意な科目と苦手な科目がはっきりしてくることが挙げられます。たとえば、特性のある子どもは記憶することが得意な場合が多く、歴史や地理などは満点かそれに近い点数をとることができます。一方、作文や数学の証明問題など、読解力や想像力をはたらかせる科目は苦手な傾向があります。人の話を聞くのが得意ではないため、先生の説明が理解できないという理由も考えられます。

スポーツが苦手なケースもよく見られます。複雑な動きをするのが難しいことや、ルールを覚えるのが苦手なことから、サッカーやバスケットボールなどの団体競技で自分は何をすればいいのかわからずに、体育の授業がある日は学校に行きたがらないといったこともでてきます。

偏りがあることを理解することがサポートの基本

これらは特性によるもので、本人の努力だけでどうにかなるものでは

ありません。しかし、子ども自身は授業についていけないことや、成績が下がっていることはわかっているので、「どうしてできないんだろう？」と悩んだりすることが多くなります。今までは勉強ができたのであればなおさら、強い劣等感を持ってしまう可能性もあります。

そこでまずは、できる・できないの差が大きく、偏りがあることを理解してあげることが、サポートの基本になります。大切なのは、本人に劣等感を感じさせないような工夫をすることです。できないことや成績が下がったことをしかるのではなく、どういう勉強の仕方なら理解しやすいのか、親子で考えてみましょう。お母さんが一緒に取り組んでくれることで、子どもは安心します。

授業で先生の話が理解しにくいようなら、先生と連携して、授業のすすめ方を工夫してもらいましょう。説明の仕方やボードへの書き方、絵やカードなど小道具の活用などで、理解しやすくなる場合もあります。

また、得意なことを伸ばすことに目を向けることも大切です。得意な科目に対してはいい点数をとるなど、能力を発揮します。そこをほめてあげることで劣等感をやわらげ、やる気と自信を持たせてあげましょう。

お母さんが楽になる 1ポイント！

だれでも得意なことと苦手なことがあるものです。苦手を克服しようとするより、得意なことをほめて伸ばしてあげましょう。

❸ いつもイライラしているのはどうして？

どんな子どもでも、成長とともに漠然とした不安を感じるようになるものです。特性のある子どもは感情をコントロールするのが苦手な場合も多く、気持ちが不安定になりがちです。

さまざまなストレスにさらされながら生活している

思春期前後になると、勉強のこと、友だちのこと、将来のことなどに対して、漠然とした不安や悩みを抱くようになります。その多くは、思春期に見られる「自己の同一性（アイデンティティ）」の確立にまつわるものです。

特性のある子どもの場合は、その不安や悩みが強く感じられるようです。たとえば、相手の気持ちを読み取るのが難しいために、友だちができにくかったり、会話がかみ合わないことも多く、「どうして自分だけが……」と考えてしまうことがあります。できること、できないことがはっきりしていることから、授業についていけなくなり、成績が落ちてくることもあります。また、「感覚の過敏性」という特性から、ふつうなら気にとめないような音や光、においなどが強く感じられ、リラックスできない場合も考えられます。つまり、毎日大きなストレスにさらされながら生活しているのです。

そのため、特に理由もなくイライラしてしまいがちです。その感情をうまく発散する方法も、イライラをぶつける対象もないことから、ときにはそれが怒りの感情となって爆発する場合もあります。

感情を「見える化」したり「言語化」してみよう

不安や悩みをすっかりなくすことはできません。また、感情をうまく

お母さんが楽になる 1 ポイント！

目に見えない「感情」に点数をつけたり言葉にかえたりして、理解しやすくしてあげましょう。自分の気持ちをコントロールしたり、表現するための練習になります。

コントロールする方法も簡単に身につくものではなく、たくさんの葛藤を経験し、その都度試行錯誤しながら、適切な対処法を身につけていく作業が必要となります。特性のある子どもの場合は、その特性を生かしたコントロール方法を考えていくといいでしょう。

たとえば、ASDの子どもは、目に見えること（視覚的な情報）は理解しやすいようです。そこで不安や悩み、怒り、イライラなどの感情に点数をつけて、それをグラフや表に記して「見える化」するのも一つの方法です。がまんできないほど怒っているときは100点、教室から逃げ出したくなったときは80点、なんとか机に向かっていられるようなら50点、お母さんが話しかけて応じられるくらいなら30点というように。そうして目に見えるようにすると、子ども自分の感情を客観的にとらえる練習になります。

また、子どもの気持ちをかわりに言葉にしてあげる（言語化する）ことも効果的です。子どもの様子を見て、お母さんが「最近イライラしているように見えるよ」「困ったことがあるのかな」「こわい顔をしているよ」と声かけしてみましょう。自分の気持ちに気づくきっかけになることがあります。

そうして自分の気持ちに気づくことは、自分を知ることにつながっていきます。子どもがイライラしているのは、不安や悩み、怒りなどを抱えている証拠かもしれません。いちばん身近なお母さんや家族は子どものよき聞き役になってあげることが何より大切です。

④ クラスで浮いているみたい……

特性のある子どもは、まわりの子どもたちに合わせるのが苦手です。一人で行動したがったりするので、自分勝手と思われてクラスで孤立してしまうことがあります。

友だちと一緒に行動するのが苦手

子どもは成長するにつれて、仲のいい友だちや趣味の合う仲間と過ごすことが多くなり、その関係を家族よりも重視するようになります。学校の休み時間や放課後などは、グループで行動することが多くなり、グループ独自のルールや行動パターンがつくられていきます。

特性のある子どもは、こうしたグループに入れないこともあります。ASDの特性として、一人でいることを好んだり、自分が思うように行動することが多いためです。その様子をはたから見ると、あたかも浮いている、孤立しているように感じるかもしれません。もちろん、子どもが友だちを欲しがっていたり、グループに入りたいのに、特性がそれを邪魔しているようなら問題ですが、本人が一人でいることを気にしていないようなら気にする必要はありません。

親からすると、友だちはいた方がいい、だれとでも仲よくできる方がいいと思ってしまいがちです。しかし、無理に友だちをつくったり、グループに入って行動することを促すことは、大きなストレスになる場合があります。特性のある子どもは、相手の話を聞いたり、人の気持ちを理解したり、だれかと合わせることが苦手な場合もあり、かえって邪険にされたり、仲間はずれにされたと感じる機会を増やしてしまうかもしれません。また、実際にいじわるを

されて、「なんで自分だけいじわるをされるのか」と被害的な感情を抱いてしまう場合もあります。

一人で行動できることを「自立」ととらえてみる

ここはお母さん自身が、頭を切り替えてみましょう。「クラスで浮いている」のは、「一人でも行動できる」ととらえてみるのです。一人で行動できることは、だれかと一緒にいなくても大丈夫ということでもあり、「自立」に近い状態ともいえます。本人が特に不満を感じていないようなら、まずは見守ってあげましょう。

友だちをつくろうとしている、グループに入ろうとしているけれど、うまくいかない結果一人でいるという場合は、先生に事情を説明して、サポートしてもらいましょう。「一人でも大丈夫」だと先生から伝えてもらい、先生が子どもの理解者となって寄り添ってもらえれば、子どもも安心します。

子どもの特性を、クラスメートに理解してもらうことも大切です。保護者会などの場を利用して、ほかの保護者に子どもの特性を伝えるようにしてみましょう。保護者を通じてクラスメートが、「この子って、こういう子なんだ」と理解できるようになれば、子どもも居心地よく過ごせるようになるはずです。

社会性の未熟さが 長所になる場合もある

- まわりに惑わされず自由な発想ができる
- 一人でも好きなことをもくもくとやり遂げる
- 一つのことに長時間集中できる
- 行動力がある
- 天真爛漫に生きている

一人でいることを本人が苦にしていないようなら、大丈夫です。一人で行動できることを、自立への第一歩ととらえて見守りましょう。

⑤ 恥ずかしいという感覚がわからない

ASDの特性のある子どもは、他人の目や感情を気にしない傾向があります。そのため、一般的に恥ずかしいとされる行動でも人前でとってしまうことがあります。

恥ずかしいとはどういうことか具体的に理解できない

思春期を迎えるころになると、多くの子どもが周囲や異性の目を意識するようになり、羞恥心が芽生えてきます。この〝恥ずかしい〟という感情を体験するには、見た目、置かれている状況、とっている行動など、自分にまつわる情報を客観的に把握し、評価する能力が必要です。つまり、〝他人から見た自分〟という視点を持ち、こんなことをしたら他人はどう感じるのか、ということを想像することが必要になってくるのです。

ところが、特性のある子どもは、他人の気持ちを理解したり、想像したりすることが苦手です。そのため、恥ずかしいとはどういうことなのかを具体的に理解できるようになるのが、通常より遅れる場合があります。その結果、身だしなみから性的な行動にいたるまで、場所や状況に合わせてどう行動すればいいのかをなかなか理解できず、トラブルになってしまうことがあるのです。

たとえば、髪がぼさぼさでも気にせず登校する、人前でも平気で着替えをする、股間を触る、スカートなのに人前で股を開いて座る、異性の体に触る、性的な言葉を大声で話すなどです。恥ずかしいという感情が十分に育っていないため、本人は何とも思っていませんが、まわりから「変な子」「いやらしい子」と誤解を受けたり、女の子の場合は、誤解した異性から性的な被害にあってしまう危険性もあります。

人前でしてはいけないことをルールとして教える

この場合、〝恥ずかしい〟とは何かを教えることも大切ですが、その前に社会的なルールとして、やってはいけないこと、とってはいけない行動をきちんと子どもに説明してあげることが重要です。場所や状況に合わせて、具体的にどう行動すればいいのかを示してあげましょう。

たとえば、身だしなみを整えないまま登校してしまう子には、髪をきれいにとかす、服装を整えるなど、やることをリストアップして、目につく場所に張ってみましょう。一つ一つ確認しながら整えていく習慣を身につけていくのです。人前でやってはいけないことも、リストアップしておくといいでしょう。足を閉じて座る、人前で服を脱がない、人の体に触らない、などのルールをしっかり伝えていきましょう。こういうときはこうするものとマニュアル化して、一つひとつ覚えていけば、比較的スムーズに習慣として定着していくはずです。

お母さんが楽になる 1 ポイント！

恥ずかしさが理解できないことを必要以上に心配する必要はありません。「してはいけないこと」をルールとして身につけさせてあげましょう。

行動マニュアルをつくろう

羞恥心の欠如により、人前でも裸になったり、下着が見える座り方をしたり、股間を触ったりしてしまうことがあります。そうした行動をとらないように、ルールとして身につけさせることが大切です。

- 人前で着替えたり、裸にならない
- 人前で股を開いて座らない
- 人前で股間や性器を触らない
- 異性の顔・胸・足などをじっと見ない
- 異性の体を触らない
- 異性の持ち物に触ったり、持ち帰ったりしない

など

❻ ひんぱんに体調不良を訴えて学校を休みたがる

思春期にさしかかるころから、ASDの女の子の中には、朝起きられなくなったり、体調不良を訴えて、学校に行きたがらなくなることがあります。

さまざまなストレスにさらされて体調を崩しやすい

特性のある女の子の中には、小学校中学年を過ぎるころから、急に寝起きが悪くなったり、体調不良を訴えるようになることがあります。

朝、いつまでたっても起きてこないので、お母さんが起こしに行くと、「頭が痛い」「クラクラする」「おなかが痛い」などといって、学校を休みたがったりします。

特性のある子どもは感覚が過敏なので、日常生活の中でさまざまなストレスを感じています。そのためふつうの子よりも疲れやすく、体調を崩しやすいといえます。さらに女の子の場合は、第二次性徴期を迎えて体形が変わってきたり月経が始まります。自分に起こる変化に戸惑い、精神的にも不安定になりやすくなるのです。そのため寝起きが悪くなったり、気分がアップダウンしたり、体調を崩しやすくなります。

もし、ある朝突然、「学校を休みたい」といわれたら、たいていのお母さんは驚くことでしょう。その日は様子を見て、学校を休ませたとしても、次の日も「今日も休みたい」といわれたらどうでしょうか。「このまま学校に行けなくなってしまうのでは……？」と不安に包まれるかもしれません。あるいは、「わがままいっていないで、早く学校に行き

なさい」と大声でしかってしまうかもしれません。

しかし、いちばんつらい思いをしているのは、子ども自身だということに気づいてあげてください。無理に学校に行かせることは、子どものストレスをさらに大きくし、体調不良を長引かせることにもなります。まずは、子どもの様子を見守ってあげましょう。

子どもの話をじっくり聞いて共感してあげよう

学校を休みたくなる要因を、少しずつ取り除いていきましょう。

たとえば、朝起きられないのが夜更かしのせいだとしたら、生活のリズムを整える工夫をしてみます。勉強、テレビ、夕食、入浴など、学校から帰ってきたあとの時間の使い方を見直して、スムーズに就寝できるようにしましょう。

ストレスをやわらげてあげることも重要です。学校の様子や友だちとの関係など、子どもの話を聞いてあげると、落ち着いてくる場合があります。その際、子どもの横に座って、具体的に聞いてあげるといいでしょう。子どもが話してくれたことに、「そうだね」「よくやったね」と共感したりほめてあげると、子どもの気持ちもゆるんできます。

さらに女の子には、成長にともなって起こる体の変化について、きちんと話してあげましょう。体つきが丸くなってくること、月経のこと、月経の前後には頭痛や腹痛、だるさ、気分の浮き沈みなどが起こる場合があることを、わかりやすく教えてあげてください。絵本などを使って視覚的に説明すると、理解しやすくなります。

お母さんが楽になる 1 ポイント！

ストレスがたまると、だれでも体調を崩しやすくなります。子どもが体調不良を訴えたときは、様子を見守りながら“ガス抜き”を手伝ってあげましょう。

解説

子どもの特性を理解する大切さ

どんぐり発達クリニック
宮尾益知

特性を理解して連携する

・絵や写真などビジュアルのほうが理解できるか、言葉のほうが理解しやすいか
・順序立てて考えるタイプか、全体をまず把握するタイプか
・記憶力がいいか、悪いか
・行動や動作が速いか、遅いか

など、子どもが3～4歳になったら、子どもの特性を具体的に把握しておきましょう。

特性のある子どもの子育てに大切なことは、なによりもお母さんや家族が子どもの特性を理解して共通の認識を持つことです。子どもの特性を理解していれば、保育園（幼稚園）や小学校に入学しても先生と連携して子どもが生きやすい環境を作っていくこともできます。

子どもが落ち着いて過ごせる環境とは

家庭でも学校でも子どもが落ち着いて過ごせる環境を作ってあげることで発達障害の症状が軽くなる場合があります。

1日の行動に合わせた動線を作ってあげる

たとえば外遊びから帰って手を洗った後には、手を拭くタオルをそばにかけておく。その先にごはんを食べるテーブルを置き、食べた後は子どもがお皿を下げるためのトレイを用意しておく。その先に着替える服の置き場所を作り、着替えた後は昼寝に入れるようふとんを敷いておく。生活の流れがスムーズに行われるようにしてみましょう。

物が置いてある場所に理由をつくる

1、戸惑わないよう、家具の配置や道具の置き場所は固定する。
2、服のしまい方は、大人の都合だと引き出しの形などに合わせるが、

子どもにわかりやすくするためには、上から帽子、シャツ、ズボン、靴下と、体のパーツの順番に合わせて入れておく、かごなどに入れる場合は奥から手前にかけて、帽子、シャツ、ズボン、靴下と入れてもよい。

家庭と比べて、保育園（幼稚園）は行動する場所や時間、順番などルールとして決められていることが多いですが、こうしたルーチンな生活を送ることで、発達障害の症状が軽くなっていきます。

してほしくないことをやめさせる

友達を叩く、壁にいたずら描きをするなど

それをしないことが得かを教える。たとえば友達の顔を叩くなら「友達の顔には、ほほ骨っていうとがった骨があるから、叩くと君の手が痛くなるよ。叩くなら肩を叩いてあいさつしようか」と促してあげる。自分が痛い思いをしたくないので、友達の顔を叩くことをやめる。

やってもいい場所や時間を決める。

1、いたずら描きをするなら、描いてもいい壁を決めて紙を貼っておき、思う存分に描かせる

2、時間を決めてその時だけ描かせるルールにする。

3、描いてはいけない場所や時間にはいたずら描きをやめる

否定でなく、失敗経験を減らす

なにか失敗した時に、叱られたり、否定されたりするだけで終わると、想像力の乏しい子どもはどうしたらよいかわからなくなります。具体的な情報を伝えます。

本人の行動や言動を頭ごなしに否定するのではなく、話をよく聞き、「そうだね」と受け入れたうえで、「だけどこうしたほうが、あなたにとっては得だったよね」などと、どうすれば自分にとってよい結果になったのかを教えてあげることで、子どもは成長していきます。

あらかじめ子どもの失敗経験を減らす工夫を

入ってはいけない部屋がある場合は「この部屋に入ってはいけないよ」と言うだけだと、その子はどうしたらいいかわからずパニックになってしまいます。「この部屋には入れないから、お昼寝の後は隣の部屋に行こうね」と促してあげることで、子どもも従います。

そして良い行動ができた時には十分にほめたり、だきしめるなどしてごほうびをあたえましょう。子どもはほめられることで自信がつきもっとがんばろうと前向きになれるはずです。

COLUMN

学校やまわりの人と連携してサポーターになってもらおう

子どもが成長していく上で、家庭と学校の考え方がバラバラではうまくいきません。双方が子どもの情報を共有し、意見を交換できるようにしておくことが大切です。

そこでまずは連絡帳などを使って、子どもの家庭での様子や学校での過ごし方などを互いに把握できるようにしましょう。学校の先生との面談は、子どもに対して共通の認識を持ついいチャンスです。子どもの行動の特徴をまとめたリストをつくっておいて、具体的に説明することで情報が共有できるように心がけましょう。また、家庭訪問のときなどは、子どもの部屋を見せたり、家庭における工夫を見てもらうことも、理解を深める参考になります。

ただし、学校にもできることとできないことがあります。相手に過度の期待をして、能力以上のサポートを求めるのは、スムーズな連携の妨げになる場合もあります。家庭と学校がどのように支援の役割を分担するのかを決めておきましょう。

学校だけでなく、クラスメートやほかの保護者に、子どもの特性を理解してもらうことも大切です。子どもが安心して学校生活を送ることにつながりますし、偏見やいじめを防ぐ上でも欠かせません。そこで保護者会などで、先生を交えてほかの保護者と話し合い、子どもへの対応の方針を決めて、クラスメートにわかりやすく伝えてもらうようにしましょう。

クラスメートやほかの保護者に伝えても、全員に理解してもらえるとはかぎりません。ときには「○○君のせいで授業が遅れるのは困る」「うちの子に何かあったらどうするの」などといわれるかもしれません。そのような意見に対しても、真摯に耳を傾け、対応しましょう。自分には何ができて何ができないのか、どのような意見に対しては対応や協力ができるのかを、ほかの保護者と一緒に考えていきましょう。そうした中から、家庭、学校、クラスメートやほかの保護者がつながり、子どもをサポートする輪が広がっていきます。

第4章

母親が陥りやすい子育てのトラブルと対応策 ～ADHD／LD～

【幼児期～学童期】

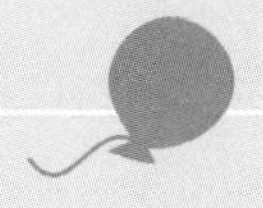

ADHD（注意欠如・多動性障害）の子どもは、基本的に「不注意」「多動性」「衝動性」という３つの特性があります。この特性は、落ち着きがない、集中力がない、忘れ物が多い、片づけが苦手……などの行動となって現われ、何度注意しても直らないことが多いものです。そんな場合はどう対応したらいいのかを考えていきましょう。

トラブル

❶ 片時もじっとしていないので目が離せない

「じっとしていられない」のは、ADHDの子どもによく見られる特性の一つです。集団生活が始まると問題になりやすく、危険がともなう場合もあるので気が休まりません。

多動性や衝動性から思いもよらない行動をする

子どもなら多かれ少なかれ、気になるものに近づいて行ったり、逆に興味がないとどこかへ行ってしまったりと、じっとはしていないものです。しかし、ADHDの子どもは「多動性」という特性から、その行動が顕著にあらわれます。たとえば、一緒に買い物に出かけたとき、ちょっと目を離したすきにいなくなって迷子になったり、ごみ収集車の音楽が聞こえてきたと思ったら、急に外に飛び出してついて行ってしまうこともあります。

保育園や幼稚園、学校に通うようになると、集団行動をとる場面が増えてきますが、そこでもじっとしていられずに部屋の中をウロウロ歩き回ったり、手足を動かしたり、物音をたてたりと、一人だけ違うことをしてしまう子どももいます。

また、「衝動性」から順番が待てずに列に割り込んでしまったり、ほかの子が遊んでいるおもちゃを取り上げたり、自分の思い通りにならないとかんしゃくを起こすなどの問題行動を起こす場合もあります。

このように、あるときは危険がともない、あるときはまわりの人の邪魔をしたり、迷惑をかけてしまうこともあります。お母さんは問題行動をやめさせようと、つい大きな声でしかってしまうこともあるでしょう。また、何度注意しても聞かない場合が多いため、「一生懸命子育てしているのに、どうしてこの子は……」とやるせない気持ちになってしまうこともあるでしょう。

子どもに合った注意のルールをつくっておこう

特性のある子どもには、注意の仕方にルールを設けておくといいでしょう。

まず注意するときは、一度子どもの気を引いてから、目を見てするようにしましょう。実は子どもはお母さんの言葉を、その都度聞いているとは限りません。テレビを見ていたり、何かで遊んでいるようなときは、そちらに関心が向いていて、お母さんの声が届いていない場合があります。子どもがこちらに顔を向けてから話し始めれば、注意する回数を減らすことにもつながります。

その際、簡潔に伝えることも大切です。問題行動についヒートアップしてしまうと、長々と注意してしまいがちですが、注意する言葉は短いほど子どもは理解しやすく、心にも残りやすくなります。

また、ADHDの子どもは、目の前の「ごほうび」に飛びつきやすい傾向があるので、「ほめる」ことが効果を発揮します。子どもの行動をただ「ダメだよ」「やめなさい」と注意するのではなく、「今日も元気だね」「好きなものがたくさんあってすごいね」などと子どもを認める言葉もかけてあげましょう。それに引かれて、お母さんの注意の言葉も心に残り、納得しやすくなります。

お母さんが楽になる 1 ポイント！

危険はない、他人に迷惑はかからないようなら欠点には、ある程度目をつむり、「元気があってよろしい」くらいの気持ちで見守りましょう。

ADHDの子どもは「ワーキングメモリー」が少ない

何度注意しても、同じ問題行動を繰り返してしまう子どもがいます。その理由に、「ワーキングメモリー」が少ないことがあげられます。ワーキングメモリーというのは、物事を成し遂げようとするときに必要な情報を、一時的に記憶しておく脳の働きのこと。ADHDの子どもは、このワーキングメモリーが少ない傾向にあり、それまでの失敗や経験を記憶して、そこから学んだり、考えたりすることが苦手です。そのため、その場その場の思いつきで行動してしまい、同じことを繰り返してしまいます。

問題行動をとったことは注意をしなければいけませんが、「しょうがない子」「困った子ね」などと子どもの人格を責めるような言葉は厳禁です。できて当たり前のことでもそれができたときには、その場で「すごいね」「えらいよ」とほめてあげましょう。

トラブル

❷ すぐに手が出てトラブルになるので、つい怒鳴ってしまう

ADHDの子どもは、抑制がきかない傾向があります。思いつくとそのまま行動に移してしまうので、しばしばまわりの子とトラブルになってしまいます。

抑制がきかずに思いつくまま行動しがち

思いついたらいても立ってもいられない——。ADHDの子どもは、抑制（がまんすること）がきかないことがよくあります。

たとえば、公園で知らない子が遊んでいたボールに興味を引かれて、そのボールを取り上げてしまったり、すべり台の順番が待てずに列に割り込んでしまったり、自分のお気に入りの戦隊ヒーローのことを延々と話しかけてきたり……といった具合です。相手の事情や気持ちにおかまいなく行動してしまうので、相手にいやがられたり、泣かせてしまったり、ときにはケンカに発展してしまうこともあります。

また、自分の思うようにいかないと、イライラしたり、カッとなる子どももいます。すると抑制がききにくいので、ものを投げたり、壊したり、相手の子どもをたたいてしまう場合もあります。

こうした行動や感情の激しさは、まわりからなかなか理解されにくく、「どうしてこの子はこんなことをするんだろう？」と戸惑いや非難の目で見られがちです。実際、まわりの子にいやな思いをさせたり、傷つけてしまうこともあるだけに、お母さんとしては心配になってしまうのも無理はありません。

何がいけないのか冷静に教えてあげよう

やってはいけないことをしたときは、きちんと注意して、次はやらないように教えていきましょう。その際、大声で威圧的に叱ったり、たたいたりしないことが重要です。状況によっては、子どもの行動を早くやめさせようと、つい大きな声を出してしまうこともあるかもしれません。また、しつけだとしてたたいてしまう人もいるかもしれません。お母さん自身が子どものころに、悪いことをすると親からたたかれて育ったという人は、しつけとして体罰をすることが当たり前だと思ってしまいがちです。

しかし、特性のあるなしにかかわらず、大声で叱ったりたたいたりすることは、行動の改善にはなりません。一時的に効果はあったとしても、長い目で見るといい方法ではありません。体罰によって問題行動がなくなることはないばかりか、お母さんとの絆、のびやかな心、まわりの大人を好きでいる気持ちなど、子どもが本来持っているピュアな部分を壊してしまう場合があります。

また、いつも大声で叱られたりたたかれたりしていると、「他人に対して怒鳴ったりたたいたりしてもいい」と思ってしまい、まわりの子どものケンカがエスカレートしてしまう場合もあります。

たとえ問題のある行動だったとしても、子どもに悪気はありません。子どもにはその場で何がいけなかったのかを話して聞かせて、やってはいけないことがあることをきちんと教えてあげましょう。

お母さんが楽になる 1ポイント！

叱るときは叱っても、ときには子どもを抱きしめて、「お母さんは○○ちゃんが大好きだよ」といってあげましょう。

トラブル

❸ 何をするにも時間がかかり、見ていてイライラする

子どもは成長とともに、さまざまなことを学び、できるようになっていきます。ところがADHDの子どもは、できるようになるまでずっと長い時間がかかります。

ADHDの子どもは時間がゆっくり流れている

学校に行く時間なのにまだ支度ができていない、勉強や宿題になかなか取りかかれない、お風呂に入るのに時間がかかる……。ADHDの子どもは、日常生活のさまざまな動作や行動がスローペースで時間がかかる傾向があります。

たとえば、朝8時に家を出なければならないのに、その時間にまだ着替えが終わっていなかったり、カバンに持ち物を入れていなかったりします。「これでは遅刻してしまうから、早くやらなきゃ」と急いで用意するのも苦手です。

そんな様子をそばで見ているお母さんは、「どうしてもっと早くできないの?」「寝る前に準備しておけばよかったのに」と思うかもしれません。しかし、ADHDの特性のある子どもは、先を予測して行動することが苦手な場合も多いのです。

また最近では、ADHDの子どもは「時間の感覚」が少し違うのではないかということがわかってきまし

た。仮にふつうの人が「1分たった」と感じる長さを、30秒くらいしかたっていないと感じてしまうのです。これを学校の授業でたとえると、1時間たったと思ったら、まだ30分しかたっていないということになります。つまり、特性ゆえに時間がゆっくり流れていると考えられるのです。

　そのため、何ごとにもスローペースになってしまったり、取りかかるまでに時間がかかってしまうことになるようです。

お母さんが楽になる 1ポイント！

お母さんがその都度口で注意していた役目を、スケジュール表に任せてしまいましょう。

無理のないスケジュールを立ててみよう

「早くしなさい」と口で注意しても、行動がスピードアップすることは見込めません。そこであらかじめ生活スケジュールを決めて、その時間に沿って行動ができるようにサポートしてあげましょう。子どもとしても、そうしたくてゆっくり行動しているわけではありません。何時には何をすると予定が決まっている方が、生活が安定し、気持ちも落ち着くことが多くなります。

　その際、子どものペースを考えて、無理のないスケジュールを立てましょう。朝起きて着替える時間も、朝食を食べる時間も多めにとり、余裕を持った時間配分を心がけることが重要です。そのスケジュールを大きめの紙に書いて、目につく場所に張っておき、子どもがこまめに確認することができるように促してあげましょう。

　スケジュールに沿って、ほぼ時間通りに支度ができたときは、思いきりほめてあげてください。「できた」という達成感を味わうと、習慣として定着しやすくなります。

トラブル

❹ いくら言っても忘れ物がなくならない

忘れ物が多い、ものをよくなくす、何をどこに置いたかすぐに忘れてしまうなどの傾向は、ADHDの「不注意」という特性が大きく関係しています。

本人も忘れ物が多いことを自覚している

ADHDの子どもは、忘れ物が極端に多い場合があります。ほかにも、何をどこに置いたか忘れてしまい、いつも探し物をしていたり、ものをなくしやすい傾向があります。

さらに、片づけや整理整とんも苦手なことが多いため、ものがごちゃごちゃになって、忘れ物やなくし物をさらに増やしてしまうことになってしまいます。

そんな子どもの様子を近くで見ていると、だらしなく感じてしまいがちですが、当の本人も「自分は忘れ物が多い」ことを自覚している場合が多いのです。忘れ物がないようにチェックしたのに、また忘れてしまうことにジレンマを感じていたり、周囲から「忘れ物が多い子」などというレッテルを貼られて、つらい思いをしている場合もあります。

このように、いつも不注意になってしまうのは、予測を立てて行動するのが苦手であることが影響しています。そのため、「明日はお絵かきをするからクレヨンを持っていかなきゃ」「今日は宿題を忘れてしまったから、明日は忘れないようにしよう」というように考えるのが難しいのです。また、飽きっぽいところもあるので、明日の準備をしている間に、ほかのことに気をとられて、準備を忘れてしまうという場合もあります。

視覚に訴えて忘れにくくなる工夫を

そこで、忘れ物をなくすことを目

指すのではなく、忘れにくくなるための工夫を考えてみましょう。

　たとえば、「持ち物リスト」をつくっておいて、部屋に張っておきましょう。また、大事なことを書いたカードやふせんを、家のいたるところに張っておくのも方法です。ADHDの子どもは好奇心旺盛なので、カードやふせんの色や形、書き方にひと工夫を加えたり、日によって貼る場所を変えてみるのも気を引く効果があります。お母さんも必要に応じて、声かけをしたり、用意をするのをサポートしてあげましょう。

　せっかく用意しても、それを持って行くのを忘れてしまうこともあります。そんなときは、用意したものを玄関に置いておく決まりにしてみましょう。それでも忘れてしまうことがあるなら、靴の上に置いておく手もあります。

　また、用意をするときに持ち物がスムーズに見つかるように、日ごろから整理整とんを心がけることも大切です。子ども自身は整理整とんが苦手なので、ここはお母さんがリードしながら一緒に片づけをしてあげましょう。その際、引き出しや押し入れにしまい込むのではなく、どこに何があるかひと目でわかるように、〝見える収納〟を心がけてみましょう。

忘れ物を減らすアイデア

- 「持ち物リスト」をつくって目立つところに貼っておく
- カードやふせんに持ち物やメッセージなどを書いて、家じゅうに貼っておく。ときどき貼る場所を変えてみる
- 宿題や課題など、準備に時間がかかるものは、お母さんの視界に入る場所で行うようにしてみる
- 持ち物は前の晩に用意して、玄関に置いておく
- 持ち物がすみやかに見つかるように、「見える収納」を心がける
- 忘れ物をしてしまったときはどうするか、ルールを決めておく
- 忘れ物をしなかったときは、思いっきりほめてあげる

お母さんが楽になる 1 ポイント！

うっかり、忘れ物をすることはだれでもあります。どんな工夫をしたら子どもの忘れ物が減るのか、楽しみながら作戦を立ててみましょう。

トラブル

❺最近「シュン」とすることが多い。私が叱りすぎ？

ADHDの子どもは、さまざまな失敗を繰り返し、注意されたり叱られたりすることが多くなります。そのため、自信を失っている場合があります。

気持ちがやさしく、傷つきやすい心を持っている

ADHDの子どもは特性のために、集中力がない、忘れ物が多い、じっとしていられない、飽きっぽい、抑制がきかない、整理整とんができない、思いつくとすぐに行動する……など、さまざまな問題行動をとります。その都度子どもは注意され、ときにはきつく叱られます。そのときはあまり気にしていないように見えても、記憶として蓄積されていきます。

ADHDの子どもは、はた目には自由奔放にふるまっているように見えますが、その反面、気持ちのやさしい子であることも多く、また傷つきやすい心を持っています。小学校中学年くらいになると、自分が周囲の子とどこか違うことに気づき始めるので、「どうしてほかの子のようにできないんだろう」と、落ち込んでしまう場合があります。また、親や先生から注意や叱責を繰り返しされてきているため、自信をなくして、うつ状態や不登校になってしまう場合もあります。

人格は叱らず、問題行動を叱ろう

子どもに注意をするときは、きつい口調で感情的にいわないように心がけましょう。何度も同じミスを繰り返すので、つい大声できつい物言いになってしまいがちです。しか

し、これではただ怒られていることだけしか頭に入らない場合があります。また、その言い方に反抗心を抱かせる場合もあります。

　人格を否定するような叱り方をしないことも重要です。たとえば「学校に遅刻する」のはよくないことですが、子ども自身が「悪い子」なのではありません。また、ほかの子と比べてできていないことを指摘するのは、子どもの心を傷つけてしまうこともあるので注意しましょう。

子どもを傷つけない 上手な注意の仕方

人格は肯定し、問題行動を否定する
「○○ちゃんはいつも頑張っているね」と認めた上で、「でも遅刻はいけないことだよ」と問題行動をはっきりと示してあげましょう

注意する回数を減らす
あれこれ何度も注意しないようにしましょう。わかりやすい言葉でなるべく簡潔に注意すると、子どもの心に響きやすくなります

暴言はNG
つい勢いで「もうあなたなんか知らない」「うちの子じゃない」などと口に出る暴言は、子どもの心を深く傷つけてしまいます

体罰は絶対にしない
暴言同様に、子どもの心に深い傷を与えます。また、たたかれて育った子は、他人をたたくようになる場合もあるのでやめましょう

　小学校高学年から中学生になる時期は、子どもにADHDの特性があることをある程度伝えて、今後の人生を上手に生きていくためのスキルを身につけさせてあげる大事な時期でもあります。一度、専門医療機関で、ADHDの診断してもらうことも大切です。早くからわかっていれば、それだけ早く対応策を取ることができ、お母さん自身も状況に応じた適切な接し方を、医師からアドバイスしてもらえる利点があります。

お母さんが楽になる 1 ポイント！

ADHDの子どもは、いろいろ困ったところもありますが、その反面、素直で気持ちのやさしい子が多いものです。そこに目を向けて、気長に接していきましょう。

学童期のLD（学習障害）

LDとは、英語のLearning Disorderの略で、日本では「学習障害」と訳されます。基本的な知的発達に遅れはないものの、「聞く」「話す」「読む」「書く」「計算する」「推論する」能力のいずれかに不具合が生じた状態を指します。

LDの基本的な特性は、6つの能力の問題

幼児期はあまり表面化しませんが、小学校に入学すると特性が現れてきやすいのがLDです。LDとは、基本的な知的発達の遅れはないが、「聞く」「話す」「読む」「書く」「計算する」「推論する」という6つの能力のうち、いずれかの習得や使用に障害がある状態を指します。

たとえば、ほかの人の話すことを聞くことができない、聞くことはできてもうまく話すことができない、文字を習っても理解できないため

聞くことの障害

- ほかの人の話が理解できない
- 文章の聞き取りができない
- 話を聞きながら書くのが苦手
- 言葉の聞き間違いが多い
- 長い話を聞くのが苦手
- 長い話に集中するのが苦手

話すことの障害

- 筋道を立てて話すことが苦手
- 文章として話すことが苦手
- 話に余分なことが入ってしまう
- 同じ内容を違う言い回しで話せない
- 話が回りくどい
- 話が結論までいかない

読むことができない、読むことができても文字が書けない、簡単な計算であっても理解できず解けない……などです。

LDの特性は同じように現れるのではなく、一人ひとり異なります。また、ADHDなどほかの発達障害と併存していることもあります。

読むことの障害

- ◆文字を発音できない
- ◆間違った発音をする
- ◆小さな「っ」や小さな「ゃ、ゅ、ょ」を発音できない
- ◆「ヘリコプター」を「ヘコリプター」などと読み誤る
- ◆文字や単語を抜かして読む
- ◆読むのが遅い
- ◆文章を音読できるが、意味は理解できない

計算することの障害

- ◆数字の位取りが理解できない
- ◆繰り上がり・繰り下がりが理解できない
- ◆九九を暗記しても計算に使えない
- ◆暗算ができない

書くことの障害

- ◆文字が書けない
- ◆誤った文字を書く
- ◆漢字の部首を間違える
- ◆単語が書けない、誤った文字が混じる
- ◆単純な文章しか書けない
- ◆「て・に・を・は」など文法的な誤りが多い

1 ポイント！

LDであっても、それなりに学習していく方法があります。学校の先生も含めて子どもと一緒に探していきましょう。

推論することの障害

- ◆算数の応用問題、証明問題、図形問題が苦手
- ◆因果関係の理解、説明が苦手
- ◆長文読解が苦手
- ◆直接示されていないことを推測することが苦手

COLUMN

女の子のADHDは気がつきにくい？

ADHDは、男の子に多い発達障害と考えられてきました。しかし、男女の比率を見ると、ほとんど差はありません。男の子に多いイメージがあるのは、幼少期から「じっとしていない」（多動性）「ほかの子の邪魔をする」「乱暴な行動が目立つ」（衝動性）などの問題行動がはっきり現われることが多く、ADHDと気づきやすいためだと考えられます。

一方、女の子の場合は、多動性や衝動性が強く現れないために、とくに幼少期は特性が目立たず、「少し変わった子」と思われる程度であることが多いようです。ただ、多動性や衝動性が目立たない分、不注意の特性が目につく場合があります。

たとえば、忘れ物が極端に多い、ものをよくなくす、気が散りやすいなどです。こうした不注意からくる行動は、気をつけているつもりでもなくなりません。そのため親や先生から何度もしかられているうちに、劣等感を抱いてしまうことがあります。

また、女の子は成長とともに、多動性が「おしゃべりがとまらない」「人の話に割り込む」といった形であらわれたり、衝動性が「移り気」「思ったことを口にする」「悪口をいう」などといった行動になって現れてくる場合があり、人間関係に悪影響を及ぼしたり、わがままに見える行動から自分勝手な人と思われて孤立してしまう場合があります。

そうならないためにも、気になる行動が目についた場合は、ADHDの特性を理解して対応策を考えたり、早めに専門の医療機関に相談するなどが望ましいといえます。

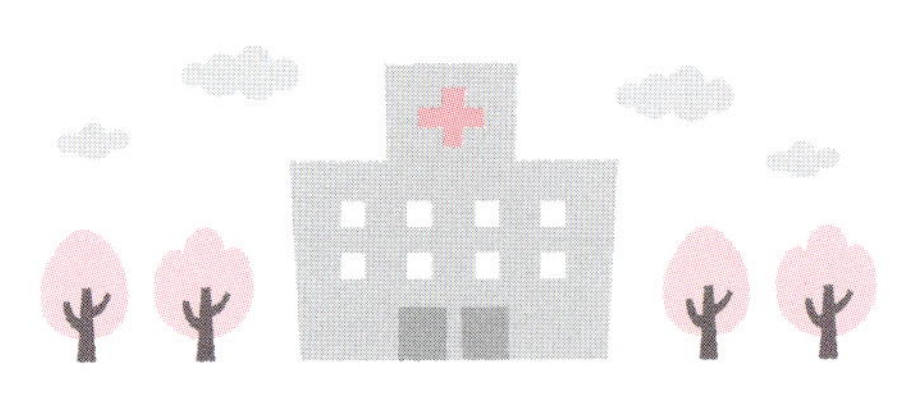

第5章

母親が陥りやすい
子育てのトラブルと対応策
～ADHD／LD～

【思春期（小学校中学年～中学校入学）】

ＡＤＨＤの子どもは思春期を迎えるまでに、いつも「あれをしてはダメ」「これをしてはいけない」と禁止され、否定的な扱いを受けてきていることが多いものです。そんな子どもが、ただでさえ悩みの多い思春期を迎えるにあたり、予想されるさまざまな問題行動や課題にどう対処していけばいいのかを考えてみましょう。

❶ 授業に集中できるようになるにはどうしたらいいの？

学年が上がっても、「不注意」という特性は変わりません。気が散りやすく、集中力の維持に苦労し、授業についていけない場合もあります。

ささいなことでも気が散ってしまう

「不注意」は、ＡＤＨＤの中心的な特性の一つです。本人なりに注意しようと思っていても、それを持続することができずに、集中力が途切れてしまいます。そのため、授業中に先生の話を聞きながら、ふと、違うことを考えたり廊下で物音がしたら、そちらにばかり気をとられてしまうのです。

もちろん、集中力が途切れることはだれにでもあります。ただ、ＡＤＨＤの子どもはその度合いが違います。ふつうなら気にもならないちょっとした刺激にも過剰に反応して、そちらに関心が移ってしまうと、もう授業などそっちのけになってしまいます。その様子を見ていると、「どうしてそんなことくらいで」と思ってしまい、周囲の人からすれば理解することは難しいかもしれません。

こうした状況が続けば、授業の大切なポイントを聞き逃したり、先生に指名されても答えられなかったりするような場面も増えてきます。また、テストを受ける際にも、問題を最後まで読まずに解答してしまったり、解答欄を間違えたり、解き方はわかっているのに計算ミスをして不正解になってしまうようなこともでてきます。その結果、成績が低下していくということになりがちです。

好奇心を持ちやすい「好きな科目」を伸ばそう

こうした行動は、もともと注意力が散漫で集中力にかけることに加え、「ワーキングメモリー」が少ないことも大きくかかわっています。第4章でも触れましたが、ワーキングメモリーとは作業記憶や作動記憶ともいわれるもので、見聞きした情報を一時的に記憶しておく脳の働きのことです。ADHDの子どもはこのワーキングメモリーの機能が弱いために、それまでの経験を記憶して、そこから学んだり考えたりすることが苦手です。そのため、その場の思いつきで行動してしまったり、話しが通じにくくなったり、ミスにつながったりする原因の一つとも考えられます。

そこで、集中力が持続しないのはADHDの特性だととらえて、子どもと接するようにしましょう。そうすれば四六時中注意したり、落胆することも減ってくるでしょう。

子ども自身も、「どうして先生の話を聞いていられないんだろう」と悩んでいるかもしれません。聞きたくなくてそうしているわけではないのに、ミスが増えたり成績が下がってくることで、自信を失い、劣等感を持ってしまうおそれもあります。そんな子どもの気持ちに寄り添って、「大丈夫だよ」「少しずつやっていこう」と声をかけてあげましょう。

また、ADHDの子どもは、好きな科目とそうでない科目がはっきりしている傾向があります。好きな科目には、持ち前の好奇心が向かうため、集中力も長続きしやすいものです。そこで力が発揮できるようにサポートしてあげて、勉強への意欲や自信を持たせてあげましょう。

ＬＤ（学習障害）を併存している場合もある

ＡＤＨＤの子どもには、高い割合でＬＤが併存していることが知られています。ＬＤとは、知能の発達は正常で情緒障害、感覚障害、運動障害などもなく、家庭環境にも問題がないにもかかわらず、学習に問題がある状態をいいます。ＬＤが併存している場合は、教育の療育的対応が必要になってきます。症状に応じていろいろなサポートツールがあるので、専門機関や「親の会」などに相談してみるといいでしょう。今後の子どもの学習面を支援する上で、心強い味方となります。

お母さんが楽になる 1ポイント！

好きな科目・好きな分野では集中力が続きやすいようです。そこをめいっぱいほめてあげて、やる気をキープさせてあげましょう。

❷ 計画的に物事が進められない

小学校高学年ともなると課題や宿題も多くなり、物事を計画的に進めることが求められます。それはADHDの子どもにとっては、とてもハードルの高いことです。

予測を立てるのも優先順位をつけるのも苦手

ＡＤＨＤの子どもは、そもそも計画を立てることが苦手です。

たとえば、宿題が出されたとすると、それにどれくらいの時間がかかるか予測するのがうまくありません。宿題をやろうとして机についても、苦手な科目だったり、量が多かったりすると、なかなか始められずに「今はまだいいや」と先送りしてしまうことがよくあります。先送りする裏には、「まだ間に合う」「本気になればすぐに終わる」といった予測の甘さがあるのです。

ようやく取りかかっても、すぐに別のことが気になり、そちらに関心が向いてしまうので、なかなか進まない場合も少なくありません。こうしてやらなければならないことがたまってしまう場合もあります。

また、物事の優先順位がつけられないという特性もあります。たとえば、明日提出の宿題Ａと、１週間後に提出の宿題Ｂがあったとします。ふつうに考えたら、提出日が迫っているＡから取りかかるものですが、ＡＤＨＤの子どもは興味がある方、得意な科目の方に気が向いてしまうので、Ｂから始めてしまったりするのです。そのため、あとで収拾がつ

かなくなってしまいます。

ゆるいスケジュール表で達成感を味わわせよう

中学生になれば、やるべき課題はもっと増えていきます。小学生のうちに、物事を計画的に進められるように訓練しておきましょう。

ADHDの子どもの場合、なんといっても予定を〝見える化〟することが効果的です。そこでスケジュール表をつくって、先の予定が見渡せるようにしましょう。その際、予定をぎゅうぎゅう詰めにしないことが重要です。途中で集中力が途切れ、手が止まってしまうことも考慮して、ゆるめの予定を立てます。

課題がいくつかあるときは、優先順位をつけて取り組むことが基本ですが、スムーズに取りかかれるように、あえて得意なものをトップバッターに入れるのもいいでしょう。それで弾みがつけばしめたものです。

また、飽きっぽくて途中で投げ出してしまいがちな子どもには、予定を短く区切って、目先を変える方法もあります。たとえば、算数のプリントを半分まで解いたら、いったん横に置いておいて、国語の読解問題を1問解き、次は算数のプリントの残りを解くといった具合です。かなりイレギュラーなスケジュールの立て方であっても、大事なのは子どもの特性に合っているかどうかです。親子で一緒に楽しみながら、スケジュールを決めるようにするといいでしょう。

ほぼスケジュール通りに進めることができたら、「今日はえらかったね」「すごいね」とほめてあげてください。さらにごほうびとして、スケジュール表の横に「よくできました」シールなどを貼ってあげると達成感を味わい、さらにやる気に火がつきそうです。

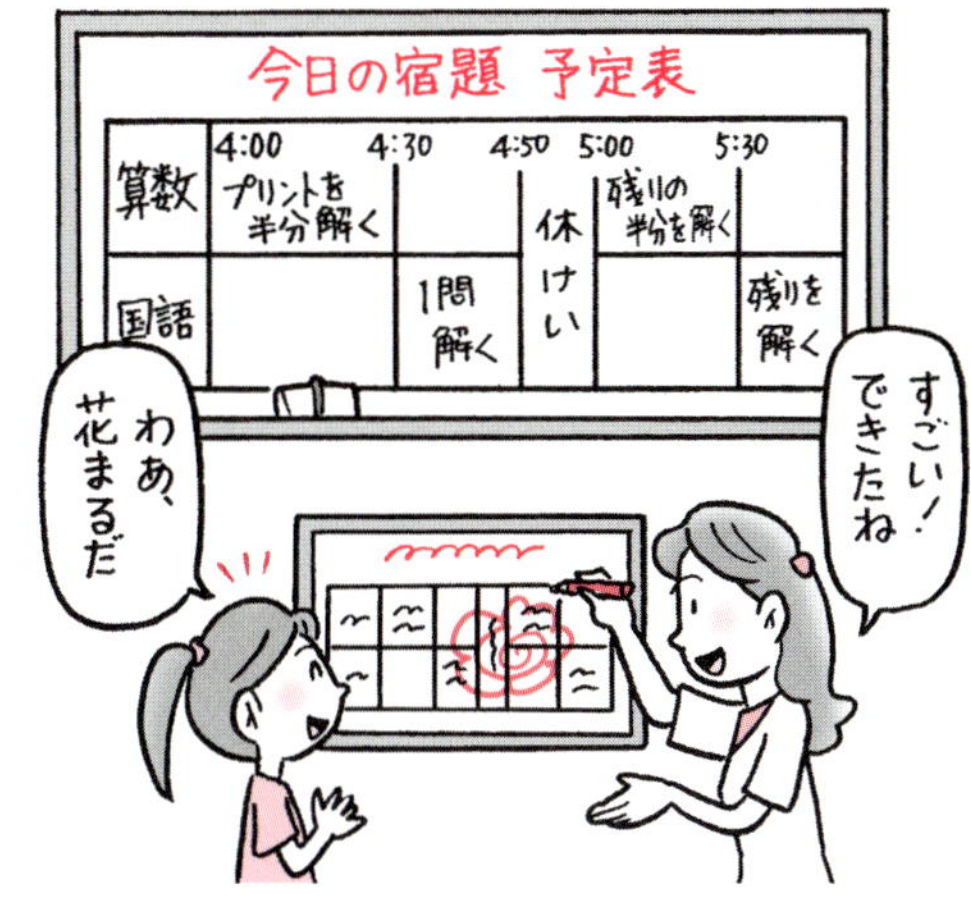

お母さんが楽になる 1 ポイント！

子どもの特性を考えながら、オンリーワンのゆるいスケジュール表をつくりましょう。やり切ったあとはごほうびをあげて、やる気を引き出しましょう。

トラブル

❸ 突然キレて、まわりを驚かせてしまう

ADHDの子どもは感情をコントロールすることが苦手です。ちょっとしたことで怒りが爆発したり、ものに当たったりするので、周囲の人を戸惑わせてしまいます。

突然キレても、10～20分程度で収まってくる

ADHDの子どもは、些細なことでカッとなりやすい傾向があります。思春期特有のありあまるエネルギーを自制する機能が、特性のためにうまく働かず、さまざまなことにイライラしてしまうからだと考えられます。たとえば、今やろうと思っていたことを先にいわれる、ダメだと決めつけられる、冗談でからかわれるなどが耐えがたいことに思えて、頭に血が上ってしまうのです。

　こうなると自分でも抑えがきかず、突然大声を出したり、暴言を吐いたり、暴れたりします。なぜ急にキレたのか理由がわからないので、周囲の人を戸惑わせたり、怖がらせることになってしまいます。

　ただし、その状態も10～20分もすれば収まります。すると何事もなかったかのように穏やかになるので、さらにまた周囲を驚かせること

感情のコントロールが難しい理由

- 抑制がきかない
- やるべきことよりやりたいことを優先してしまう
- 集中力がない
- まわりの状況を把握できない
- ルールや常識を理解しにくい
- ストレスを感じやすい

になります。抑制がきかないという特性ゆえに、その場の勢いで感情をぶちまけただけなのです。いつまでも引きずることはありません。

キレそうになったら"間"をおこう

相手が先生だろうと友だちだろうとお構いなしに感情を爆発させてしまうので、特性のことを理解していないと、どうしても人間関係に亀裂が生じがちです。こうした突発的な行動を頭ごなしに抑えつけると、欲求不満がたまって攻撃的な行動をとるようになり、対人関係のトラブルに発展することもあります。

そうならないためにも、感情をコントロールする方法を見つけておくといいでしょう。ポイントは、間をおくことです。カッとなりそうになったときに、深呼吸をする、「1、2、3…」と数を数える、いったんその場から離れるなどの方法で間をおくと、クールダウンして気持ちが収まり、落ち着きを取り戻しやすくなります。これは特性にかかわらず、だれにでも有効な手段です。

子ども自身も、自分がキレてしまったことで、居心地の悪い思いをしているかもしれません。その日の夜にでも、感情のコントロール法を復習してみましょう。練習をしておくことで、カッとなりやすさがやわらいできます。

お母さんが楽になる 1ポイント！

感情のコントロールは練習によってうまくなります。家で子どもがキレそうになったときには、「深呼吸、深呼吸」と声をかけてあげましょう。

トラブル

❹思ったことをすぐ口にするので、友だちから嫌われているみたい

ＡＤＨＤの子どもは、思ったことをつい口に出してしまいがちです。そのため知らず知らずのうちに相手を傷つけてしまい、人間関係の構築を難しくしがちです。

衝動性から、思ったままを口にしてしまう

うっかり失言をしてしまうというのは、だれにでもあることです。ただし、ＡＤＨＤの子どもの場合は、不注意や衝動性などの特性から、相手がいる前で思ったままを口にしてしまうことがあります。本人に悪気はないのですが、「その服、変だね」「太ったんじゃない？」などと、つい口に出してしまうのです。相手はいい気持ちがしませんから、友人関係を壊してしまうこともあります。

とくに特性のある女の子の場合は、しゃべりだすととまらないところがあり、失言してしまうだけでなく、人の話に割り込んで話を始めてしまうことがあります。また、思春期を迎えるころになると、女の子は仲のいい友だちとグループをつくり、グループ内だけで通じるガールズトーク（ファッション、恋愛、芸能人の話題など）を楽しむようになります。そこに入っても、コロコロ変わる話題についていけず、的外れなことをいって場の空気を悪くしてしまうことも少なくありません。

そうした結果、友だちから避けられたり、仲間外れにされてしまう場合があります。

無理に友だちづき合いをしなくてもいい

子どもが失言してしまうような

ら、まずは謝ることを教えましょう。失言は相手を傷つけてしまうことがあると、理解させることが重要です。自分が口にした言葉で、相手がいやな顔をしたり、怒りだすようなことがあったら、「いやなことをいってしまったんだな」と自分の非を認めることは大切なことです。

また、失言をしたり、人の話に割り込んでしまったときに、フォローしてくれる存在がいると心強いものです。たとえば、学校の先生やクラスの友だちに特性のことを説明して理解してもらい、子どもが失言してしまったときに、「△△君はちょっと天然な性格で、悪気はないんだよ」「○○ちゃんはちょっと不器用なだけなんだよ」などとフォローしてもらえると、まわりの人も納得しやすくなります。本人も「こういうことはいってはいけないんだな」と気づくことにもつながります。

子どもが友だちから避けられている、仲間外れにされているようなときには、無理に友だちづき合いをしなくても、仲よしグループの中に入らなくてもいいと割り切ることも考え方の一つです。子どもが気にしているようなら、理解してくれる友だちが一人でもいればいいことを話して、友だちのつくり方や会話の仕方をアドバイスしてあげましょう。

子どもの友だち付き合いを サポートするポイント

子どもの交友関係については必要以上に干渉せず、友だちのつくり方や会話の仕方をアドバイスしてあげましょう。

友だちづき合いのポイント

- 失言をしてしまったときは、すぐに謝る
- 子どもの理解者をつくってサポートしてもらう
- 無理をして友だちをつくらなくてもいい
- 理解してくれる友だちが一人でもいればいい

お母さんが楽になる 1 ポイント！

友だちが少なくてもまったく問題はありません。一人でもわかってくれる友だちがいればいいことを、子どもに教えてあげましょう。

トラブル

❺ 子どもに気になる異性ができたみたい……

思春期になると、異性のことが気になり始めます。自分の気持ちをコントロールするのが難しいADHDの子どもにとって、異性とどうつき合うかは悩ましい問題です。

異性と適切な距離を取ることが難しい

思春期になると、異性に対して興味を引かれたり、性的エネルギーが高まってきます。異性を意識して、そこから恋愛に発展させる過程では、高度な対人関係や社会性、コミュニケーション能力が必要となります。

ところがＡＤＨＤの子どもは、これらの能力が未熟です。ほかの子どもと同じように異性が気になり始めても、その異性と適切な距離と取ることが難しく、また、性的な衝動を抑えることも課題の一つとなってきます。

たとえば、男の子が気になる女の子の姿を見かけたとき、あとをずっとついて行ったり、相手の気持ちにお構いなく「好きだ」と告白したりするなど、短絡的な行動をとることがあります。そうしたことで相手がどんな気持ちになるか、思いがいたらないのです。また、衝動のままに好きな女の子の髪を触ったり、抱きついてしまったりして、拒絶されてしまうこともあります。

多動性のために、気分がコロコロ変わりやすいケースもあります。Ａちゃんに「好き」といったあとで、Ｂちゃんにも「好き」といってしまうなど、気持ちが一定しないのです。本人は思ったまま行動しているのですが、まわりからは「気が多い」「信用できない」と誤解されてしまう場合もあります。

恋愛映画やドラマで「好きな気持ち」を視覚的に教える

好きな気持ちは、相手あってのものです。それをきちんと説明し、理解させておくことが重要です。まずはお母さんが、自身の経験などを交えながら話してあげましょう。恋愛がテーマの映画やドラマ、アニメなどを一緒に見て、感想を述べ合うのもいい方法です。

相手の気持ちを考えることを教えるとともに、衝動の趣くままに性的な行動をとらないようにしなければなりません。たとえば、ADHDの女の子の場合、自分で物事がなかなか決められない意識があると、押しの強い男の子に引かれてしまうことがあります。とくに好意を持っているわけではないのに、男の子に強く求められると、断れなくなってしまう子もいます。異性との接し方については、十分な注意が必要です。

思春期を迎えて異性への関心が高まるのは、ごく自然なことです。この時期に大きな心の傷を負うことなく乗り越えていくためにも、お母さんだけでなくお父さんも一緒になって、子どもの悩みを聞き、適切なアドバイスをしながらサポートしていきましょう。

異性に関する問題行動をサポートするポイント

- 状況や場面に関係なく「好き」といってしまう
- 好きな異性に近づきすぎる、体を触る、抱きつく
- 好きな異性の持ち物を勝手に触る、持ってきてしまう
- 異性をジロジロ見る
- 人前で性的なことを大声で話す
- 押しの強い男の子の求めが断れない

サポートするポイント

- 男の子の気持ちはお父さんが教える
- 女の子の気持ちはお母さんが教える
- お母さん（お父さん）の異性に関する経験談を話す
- 恋愛映画、ドラマ、アニメなどを一緒に見て、感想を述べ合う
- 恋愛映画、ドラマ、アニメなどで、親しくなりたい異性に対する話し方、接し方、好意の示し方、相手の気持ちの読み取り方などを参考にする
- イラストやマンガを使って、視覚的に教える

お母さんが楽になる 1 ポイント！

思春期に異性が気になり始めるのは、成長の証しです。その感情が間違った方向に向かわないようにアドバイスしながら、注意深く見守ってあげましょう。

トラブル

❻最近、何を言っても反抗的で手に負えない

ADHDの子どもは思春期になると、反抗挑戦性障害や不安障害、うつ病など、注意が必要な二次障害にかかるリスクが高まります。

自信のなさや無力感が反抗のきっかけに

ADHDの子どもには、不注意、衝動性、多動性という特性がありま す。そのため、小さいころから繰り返し「ダメよ」と禁止され、叱責を受け、まわりのからは「変な子」と無視されるなどの扱いを受けてきている場合が多いものです。

そんな経験を持つ子どもが思春期を迎えるころになって、自信をなくしたり、無力感に襲われたり、自己肯定感（自分の価値や存在意義を肯定できる感情）が低くなってしまうことがあります。その結果、親や学校の先生に怒りをぶつけたり、反抗的な態度をとるようになることがあります。これを「反抗挑戦性障害」といい、ADHDの子どもの40〜60％に見られる二次障害です。

子どもが親や先生に反抗したり、挑戦的な態度をとっている段階で、適切なサポートがなされないと、20〜30％の割合で青年期から成人期にかけて「行為（素行）障害」に発展するおそれがあるといわれています。

行為障害というのは、社会のルールに反して、他人の生命・財産・権利を侵害するのが習慣になってし

もし、子どもが不登校になってしまったら……

まずは子どもの状態を把握して、学校に行きたくない理由を聞いてみましょう。学校の環境、勉強、友だち、先生など、行きたくない理由は子どもによって違うものです。もし、特性のために学習のつまずきや対人関係の問題がきっかけになっている場合は、支援体制を整えたり、環境を工夫することが必要になります。

また、不登校の期間をどのように過ごすかも大切です。ふだん学校ではできないことにチャレンジしたり、自宅でマイペースに勉強をさせるのもいいでしょう。また、子どもの特性に合わせて教育してくれる通級教室や好きな時間に通えるフリースクールなど、学校以外にも学べる場所があります。積極的に情報収集して、子どもにとって居心地のいい場所を見つけてあげましょう。

まった状態で、うそをつく、盗みを働く、ものを壊す、みさかいなくケンカをする、性的暴力をふるうなどの問題行動を繰り返すのが特徴です。

ほめて自己肯定感を育てよう

思春期を迎えた子どもの行動や心の変化には、気を配っておく必要があります。急に消極的になったり、ふさぎこんでいたり、ひんぱんに「どうせ（ぼくなんか）……」というようになるなどの変化に気づいたら、要注意です。

そこで、子どもが「このままの自分でいいんだ」「やればできるんだ」と、自信が持てるようにサポートしてあげましょう。もっとも効き目があるのは、ほめることです。今まであまりほめられる機会がなかった子どもは、ほめられることで自己肯定感が育っていきます。学校の先生にも協力してもらって、「できたらほめる」を実践してもらいましょう。

もし、そうしたコミュニケーションを心がけても改善が見られず、部屋に閉じこもったり、学校に行けなくなってしまったようなときには、学校や医療など専門機関のサポートも仰ぎ、子どもを二次障害から救ってあげましょう。

お母さんが楽になる 1 ポイント！

反抗的な態度や怒りは、「自分のことを見て」という思いの裏返しかもしれません。子どもと向き合って、いいところをたくさんほめてあげましょう。

❼ ADHDには薬が効くって聞いたけど、本当？

発達障害の中でも、ADHDは薬が有効だとされています。むやみに薬を拒否せず、専門の医師に相談してみましょう。

ADHDは比較的薬の効果が期待できる発達障害

いろいろな取り組みや工夫をしているにもかかわらず、子どもの問題行動がおさまらず、周囲にも迷惑をかけている状態なら、薬による治療を考えてもいいかもしれません。

ADHDの特性である多動性や衝動性に、薬が効くというのは以前から知られていました。ただ、安易に薬を使用することについては、まだ抵抗感が強いのが現状です。薬を続けるとよくないのではと心配するあまり、服用を拒否する親も少なからずいます。しかし、最近ではADHDへの理解も進み、薬の有効性が科学的に裏づけされたこともあり、抵抗感もかなり薄れてきているようです。

とはいえ、薬に過剰な期待をかけるのもよくありません。薬はあくまでも補助手段で、問題行動がすべて解決するわけではないのです。薬によってある程度特性を抑えながら、子ども自身が努力し、自分を客観的に見るようにして、親をはじめ周囲の大人がサポートしてあげることが重要です。

おもな治療薬は「コンサータ」と「ストラテラ」

ADHDの基本的な特性を改善するものとして、2種類の薬に保険適用が認められています。コンサータ（メチルフェニデート塩酸塩徐放薬）とストラテラ（アトモキセチン塩酸塩）です。

コンサータは、脳内のドーパミンの量を増やす中枢神経刺激薬です。ADHD特有の不注意、多動性、衝動性を抑えるものです。コンサータは、ゆっくり効果を発揮する加工が施された徐放剤なので、薬の血中濃度が急激に上昇しません、長時間効果が持続するとされています。ただし、チックやトゥレット症候群の子どもには使わない方がいいでしょう。

ストラテラは、おもに脳内の神経伝達物質の1つであるノルアドレナリンに働きかける薬です。ノルアドレナリンを増加させることで、集中力を高めたり、段取りをよくしたり、時間の感覚を改善する効果があります。コンサータより効き目は穏やかで、効果があらわれるまでに多少時間がかかるとされています。どちらの薬も、18歳未満にしか使用できませんでしたが、2013年から成人への処方も承認されています。どちらの薬が合うかは個人差もあるので、医師が診断をもとに適した方を処方してくれます。

ADHDに効果のある薬

コンサータ（中枢神経刺激薬）

作用・効能
脳の中枢神経に直接働きかけ、ドーパミン（運動調節、学習、意欲、快楽などを司る神経伝達物質）の量を増やして、ADHD特有の不注意、多動性、衝動性を抑える

特徴
- 薬の血中濃度が急激に上がらず、長時間効果が持続する
- 依存性が低い
- 中枢神経に直接働きかけるため、効果が出るのが早い
- 中枢神経を刺激する薬のため、日本では適性流通委員会に認定された医師しか処方できない

ストラテラ（非中枢神経刺激薬）

作用・効能
神経伝達物質のノルアドレナリンに働きかけて量を増やすことで、集中力、段取り・整理整とん能力、時間の感覚を改善する

特徴
- ノルアドレナリンが増えることで、結果的にドーパミンの量も増える
- 即効性はなく、効き目があらわれるまでに一定の時間がかかる
- 一般薬の扱いなので、どの医師でも処方できる

お母さんが楽になる **1** ポイント！

ADHDは、比較的薬が効く発達障害です。「薬」という先入観にとらわれず、まずは医師に相談してみましょう。

思春期のＬＤ

小学校高学年になると、授業についていけずに劣等感を抱くことが多くなります。ＬＤ（学習障害）がある場合は、教育の療育的対応が重要となります。

苦手を克服するより得意を伸ばそう

ＬＤは、比較的問題行動の少ない発達障害といえるでしょう。しかし、小学校高学年ごろになると学習内容も難しくなるため、授業についていけずに劣等感を持ち、大きなストレスを抱えて悩んでいる場合があります。

ＬＤは現在のところ、薬物などの医学的方法による治療は確立されていません。したがって、教育の療育的対応によって、本人の生きづらさを取り除き、将来の可能性を広げてあげることが重要となります。それには、本人の苦手な分野を努力や心がけで克服させようとするよりも、まわりからのサポートによって乗り越えさせ、得意な分野を伸ばしてあげましょう。

たとえば、読むことが苦手な子どもには、読む訓練をするよりも、だれかに代わりに読んでもらったり、パソコンの読み上げ機能を活用するなどして、内容を理解する方向に持っていってあげるといいでしょう。書くことが苦手な場合には、パソコンに入力するなど、書かずにすむ方法を取らせてみましょう。このように苦手の克服というより、本人がやりやすい方法を見つけて、やらずにすませる工夫を見出すことが、ＬＤの対応策となります。

地域の専門機関と連携しよう

学習だけでなく、生活面において

のサポートも欠かせません。ＬＤの子どもは、ほかの子どものようにできないことで、「自分はダメな子」と思ってしまったり、「クラスメートから笑われている」と感じてしまうなど、大きなストレスを抱えがちです。それにより男の子の場合は、怒りや暴力、非行といった行動に現れたり、女の子の場合は、自分を責めてしまい、うつ状態になってしまう場合もあります。

ＬＤは、本人の努力だけでは改善できないことがあります。それを乗り越えていくためには、まわりからのサポートが欠かせません。まずは学校や地域の専門機関などの力を借りて、専門家の検査や評価のもとに、子どもの特性を正確に把握しましょう。専門機関とは、各市区町村の保健センター、子育て支援センター、児童発達支援事業所などをさします。まずは身近にある機関に相談してみるといいでしょう。

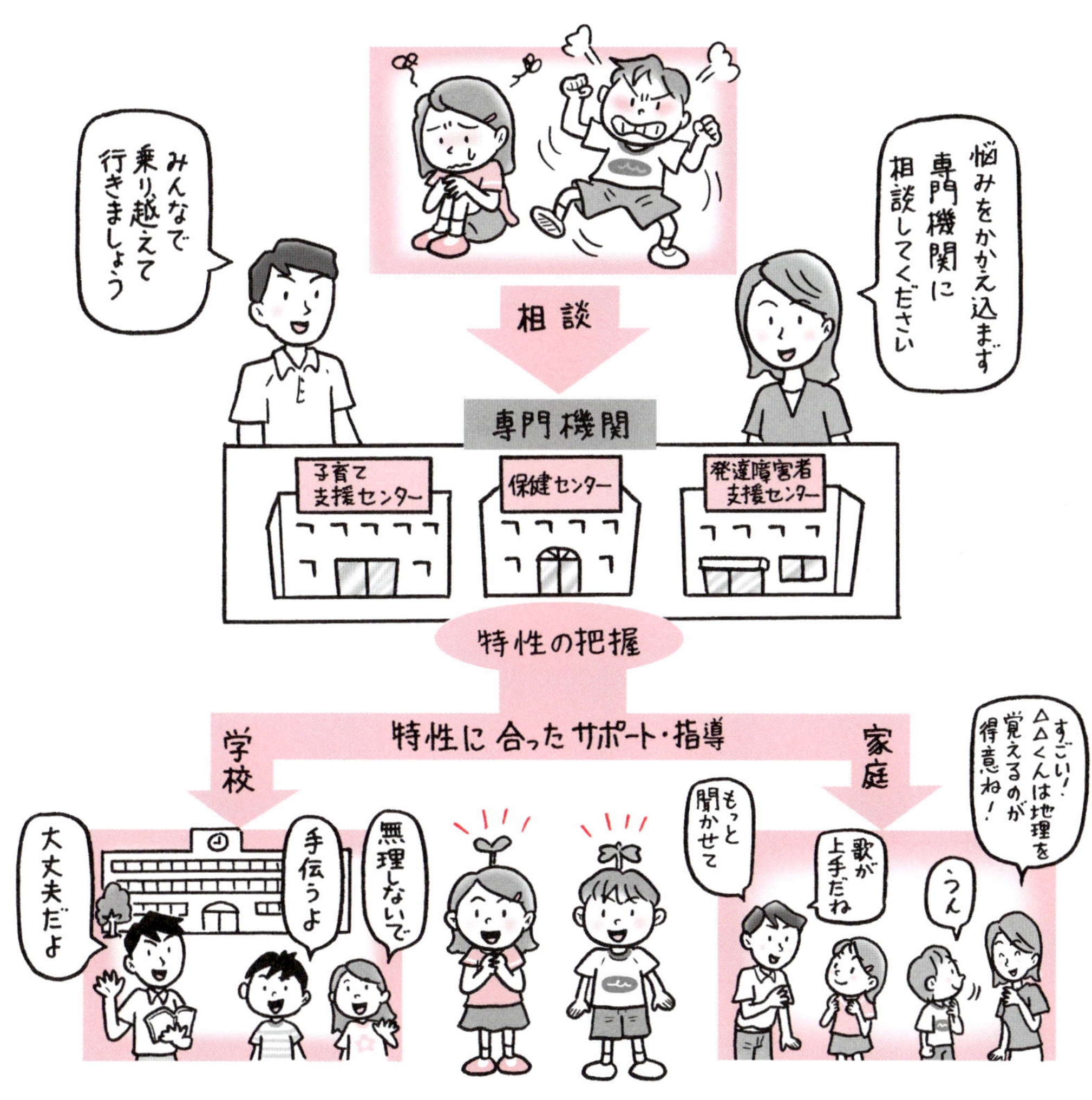

解説 特性に合わせた対応とは

どんぐり発達クリニック
宮尾益知

子どもへの対応 基本編

●わかりやすく ものごとを説明する

子どもがこちらにちゃんと注目しているかどうかを確認する。教える時は、できるだけ具体的に、必要に応じて図などを使うとわかりやすい。

●人の気持ちを声のトーンで判断するので、平坦な話し方をする

語尾のトーンが上がる話し方や、かん高い声だと叱られていると感じてしまう。

●時間の感覚を教えるために

時間の感覚がつかみにくい子どもには、作業の行程を15分単位にする。工作、体操などはすべて15分で区切り、子どもが時間の感覚をつかんだら、もっと時間をかけることは30分、45分と15分単位で長くしていくと集中して取り組みやすくなる。

●いやがることも、ある程度トライを

子どもがやりたがらないこと、苦手なことをすべて排除してしまうと可能性を狭めてしまう。時にはトライさせてみる、気分の変化に応じてできたりする。できた時には思い切りほめてあげる。

子どもへの対応 応用編

●体の動きを真似しにくい

ASDの子どもは、向かい合った人の体の動きを真似するのが苦手です。体操やダンスなどを教える際は、まず二人羽織の状態で、次に保育士さんが横に立って前に鏡を置き、見ながら教えると理解しやすくなる。

●相手の表情や状況を読み取りにくい

他の子どもと積極的に遊ばせて、友達づきあいのスキルを学んでもらう。遊んでいるグループに連れて行って「『入れて』って言おうね」と促すと、自分で言えるようになる。

怒りや喜びなどの感情を3段階で

表し色づけした「気持ちシート」を使うことも効果的。保育士さんや友達が「私はうれしいよ」「いっぱいいやなの！」など自分の気持ちを口で説明してあげることも大切。

●待つのが苦手

「こうすればもっとよいことがある」という動機があるとがんばれる。待てたらごほうびをあたえるなどほめる。行動の後にうれしいことがあると、その行動は増え、うれしくないことがあるとその行動は減っていく。

●触られることを嫌う

触覚刺激が鋭いために、触られるとカッとなって乱暴なふるまいをしてしまう場合は、やさしく抱きしめたり、豚毛の洋服ブラシなどやわらかいブラシで手や足をこすって、気持ちをなだめてあげる。軽い圧迫感を与えると落ち着きやすいため、手首にサポーターをつけてもよい。

また、騒音など刺激が多い環境から遠ざける。

●刺激に対して鈍感

この場合、自ら刺激を求めてあちこち動く多動になる。朝から少し汗をかくような運動をさせてみる。ジャンプ、でんぐり返し、体操などもおすすめ。運動が苦手な子には、できなくても注意せずにほめて、続けることが大切。

●指示を理解しにくい

情報を少なくする。「何時に出発だよ」「～して」などとシンプルに伝える。「これ」「あそこ」などの表現は避け、物の名前や場所、回数を具体的に示す。

ADHDの子どもには行動前に声をかけるのが効果的。ASDの子どもには行動している時に声をかけると効果的。

●突然叫ぶ、暴れる

ASDの子どもは、ささいなでき事でもトラウマになりやすい傾向があり、そのでき事が頭の中にふと浮かんでパニックになることがある。あわてずに見守って、抱きしめてあげる。

●ルールが理解できない

ASDの子どもは、予習をさせてから物事を進めるとスムーズにいくことが多い。たとえばイス取りゲームなどは、最初はルールを理解できなくても、目でみて理解させたり、1回体験することで、ほとんどのことができるようになる。

●自分の世界に入りがち

アニメの世界などに入り込んでいるなら、まずはその世界の中にお母さんが入り、その中で少しずつ外の世界に出て行く道をつくることが大切。

最初はその子に合わせてアニメのセリフなどを言いますが、だんだんとその通りにはせず「ケーキじゃなくて夕食を食べようか」など現実の世界のことを取り入れていくようにする。すると、子どもはだんだんと現実を受け入れるようになる。

ひとりごとを繰り返すなら、お母さんが隣で同じ言葉を隣で言うと、子どもは自分の世界に入り込まれたことがいやになり、その世界から距離を置くようになる。

COLUMN

夫婦で子育ての役割を分担しよう

お母さんはもちろん特性のある子どものいる家族もまた、大きなストレスを抱えている場合も多いようです。子育てはただでさえ思い通りにいかないところへ、さらに手のかかる子どもがいるわけですから、無理もありません。

子育てはおもに母親が担っているケースが多いですが、これでは負担が母親にばかり集中しがちです。その状態で子育ての長い道のりを乗り越えていくのは困難です。家族がそれぞれの役割を果たし、全員で特性のある子どもをサポートする体制をつくることが欠かせません。

とくに重要なのは、父親の役割です。母親は子どもと接する時間が長い分、子どもの気になる行動や小さな変化に気づきやすく、不安や心配事をたくさん抱えがちです。そんな母親の不安な胸の内を、まずはよく聞いてあげましょう。その際、「おまえの気にしすぎだよ」「なんとかなるだろう」と楽観的な態度をとると、話が進みません。子育てを頑張っている母親の目線に立って、一緒に考えていきましょう。

男性は女性と比べて物事を論理的に考え、判断する傾向があります。そこで客観的に、子どもとの接し方のアイデアを出してあげるのもいいでしょう。そこから新たな気づきが生まれるかもしれません。

また、体力的にも負担の大きい母親のために、休日には父親が子どもを外に連れ出して遊ばせてあげたり、子どもと留守番を買って出て、母親がゆっくりすごせる時間をつくることも大切です。

子育ては夫婦が協力し合って行うのが基本です。とくに特性のある子どもがいる場合は、それぞれの役割を明確にして、分担しながら行うことで夫婦のきずなも深まるはずです。

第6章

子どもとの付き合いに悩んだときには……

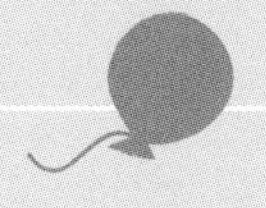

発達障害のある子どものすこやかな成長には、家族、とりわけお母さんのたゆみないかかわりが欠かせません。とはいえ、毎日のことです。ときには疲れてしまったり、どうしていいかわからず落ち込んだり、張りつめた心の糸が切れてしまうこともあるでしょう。そんなお母さんに心の持ちようについてご紹介します。

ケース1 ほかの子と違うわが子を見ていると、将来が不安……

見守りながら、いっしょに「育ち合おう」

あまり神経質にならないで

3歳くらいになると、いろいろな特性が目立つようになってきます。ほかの子と違う面に気づいたとき、不安や焦りを感じて、どうしていいか戸惑うかもしれません。しかし、その時点であわてることはありません。発達の特性は、放っておいても悪化することはほとんどないからです。「なんかへんだな」「こんなこともまだできない」と感じても、まずは見守ることにしましょう。お母さんが大らかな気持ちで子どもと接することが、子どもを安心させ、発達を促すこともあります。

特性を早期に発見し、早期に対策をとることは大切ですが、発達障害の場合は「できないこと」を「できるようにする」ことばかりに気をとられがちです。しかし、その特性ゆえに、子どもたちは小さいながらも、生活の中でなんらかの「やりにくさ」「やるせなさ」「不安」などを抱えています。まずはそれを少しでも軽くしてあげましょう。

親も子どもと一緒に成長していこう

特性のある子どもの発達には、個人差があります。比較的短時間で、高い段階に到達する子もいれば、ゆっくりの子もいます。それを「早く」「もっと」とせかさず、子どもと歩調を合わせながらできることを一つずつ増やしていく方が、お母さんにとっても子どもにとっても幸せではないでしょうか。

「発達」とは、子どもだけに当てはまるものではありません。お母さんやお父さんも、子育てを通じて一緒に成長・発達していくのです。そのためにも「この子の成長を見守っていこう」と心に決め、親と子どもが向き合い、互いに影響し合って「育ち合う」ことを目指しましょう。

ケース2　気がつけば一日中叱っていて疲れてしまう

叱り方を変えよう

叱り出すとあれもこれも口を出してしまいがち

叱るのは、大変なエネルギーが必要です。たとえば、ＡＤＨＤの子どもは、「不注意」「衝動的」「多動的」という特性を持っています。じっとしていない、飽きっぽい、おしゃべりがとまらない、ものをなくす、忘れ物をするなど、口を出さずにはいられないような行動をとります。特性のためで本人に悪気はないのですが、注意してもなかなかおらないので、お母さんは四六時中叱ることになってしまいがちです。

最初は冷静に言い聞かせていても、だんだんヒートアップしてしまうものです。そうして知らぬ間に神経をすり減らし、体力を消耗して、心も体もヘトヘトになってしまいます。そんな毎日を変えるためにも、叱り方のパターンを変えてみませんか。

叱るときは「短く」、回数は「少なく」

まずは、叱る回数を減らしてみましょう。自分は子どもがどんなことをしたときに、叱っているのかを思い出してみてください。生活に支障が出る、ケガをするおそれがある、他人に迷惑をかけるなどの場合は、きちんと叱ってやめさせることが必要ですが、些細な失敗や緊急性がないことについては、言い方を工夫してみましょう。たとえば、「早く片づけなさい！」と命令口調でいうのではなく、「6時まで片づけてね」と言い換えるだけで説明や指示となり、叱る回数を減らすことができます。

また、叱るときは「できるだけ短く」を心がけてみましょう。つい大きな声で、長々と注意したくなることもあるでしょうが、特性によっては長い話を理解できない場合があります。いくら注意してもいうことを聞かないのは、それが原因かもしれません。そこで叱るときには、その場で、短い言葉を使って、具体的に叱るようにすると、子どもも納得しやすくなります。

とはいえ、長い時間を子どもと一緒にいて、つねに冷静でいるのは容易ではありません。そこで子どもを少し引いた目で見て、「これくらいなら、まぁいいか」と受け流せる基準をつくっておくと、気持ちが楽になります。

ケース3 つい子どもをたたいてしまい、そのあと自己嫌悪に陥る

自分がされたらうれしいと思うことを、子どもにもしてあげよう

体罰は心に深い傷を残す

一生懸命に子育てしているのに、子どもが思うように成長してくれないと、裏切られたような気持になったり、自信を失いそうになるのは、親であればだれでも経験があることでしょう。特性のある子どもを育てているなら、なおさらです。いくら話しかけても思ったような反応がない、注意してもいうことを聞かないといったときなど、張りつめた糸がプツンと切れ、思わず手が出てしまうこともあるかもしれません。

しかし、体罰で特性が直ることも、子どもが成長することも絶対にありません。一時的には効果があるように見えても、長い目で見れば逆効果です。体罰は体の痛みよりも、心に深い傷を残します。親子の絆、大人への信頼感、のびのびした心、人を好きになる気持ちなど、子どもが本来持っている大切なものを壊してしまいます。

できたことをほめてあげよう

暴言を浴びせるのも同様です。「あなたなんかきらいよ」「うちの子じゃない」「どこか行ってしまえ」など、つい口から出てしまいがちですが、いわれた子どもはその言葉通りに受け取って、深く傷つきます。

体罰は百害あって一利なし、です。子どもの欠点をなおしたいと考えるなら、まずは「できたことをほめる」を意識的に実践してみましょう。自分が子どものころ親にいわれてうれしかった言葉を思い出して、それを子どもにも伝えてあげてください。徐々に子どもの表情や態度が変わってきて、その姿にお母さんも元気をもらえるようになります。

ケース4 頑張っているつもりなのに、うまくいかない……

自分を認めてくれる友だちを一人つくろう

特性を持つ子どものお母さんは孤独になりやすい

特性を持つ子どものいるお母さんは、子育ての悩みを一人で抱え込むことが少なくありません。

悩みを夫に相談したら、「育児は母親の仕事」と取り合ってもらえませんでした。そこで自分の母親に打ち明けたら、「おまえのしつけが悪い」と叱られてしまう。自分では頑張っているつもりでも、そのやり方でいいのかわからないし、気軽に相談できる人もいない……。そうして孤独になってしまうケースは多いのです。

特性のある子どものお母さんは、なんでも話せる友だちをつくりましょう。一人でもいればいいのです。心の中を吐き出し、だれかに認めてもらえる環境をつくると、気持ちが前向きになってきます。

一日30分、自分だけの時間をつくろう

また、適度に手を抜くことを覚えましょう。子どもに特性があると、どうしても「私が頑張らないと」と気負いがちです。さらに、まわりからも「しっかりやれ」といわれるので、つねに１００％を目指そうとしてしまいます。

しかし、無理に頑張る必要はありません。75％もできれば十分です。75％を目指して頑張るエネルギーを補充するために、一日の中で30分、自分の時間をつくるようにしましょう。その時間は、子どもが走り回ろうが、自分の世界に入ろうが「よし」とするのです。いわゆるガス抜きの時間です。たった30分でも、子どものことから離れ、自分のための過ごす時間があると、気持ちをリセットしやすくなるはずです。

ケース5 思春期の息子に違和感を持つようになった

子どもと適度な距離をとろう

思春期になると息子に「男」を感じるようになる

息子が思春期を迎えるころになると、今までと同じように接することができなくなるお母さんがいます。思春期の男の子は、声がわりが始まったり、体つきも徐々に変化して、この時期特有の体臭を発するようになります。今までは小さくてかわいかったので、抱きついてきても、おっぱいを触ってきても、なんとも思いませんでしたが、息子に「男」を感じたとたんに、同じことをされるのが生理的にいやになることがあります。

もちろん個人差はありますが、お母さんの中には「近寄らないで」とおもむろに避けてしまう人もいます。すると子どもとしては、「昨日まで抱っこしてくれたのに、今日はなんで抱っこしてくれないの？」と戸惑います。子ども自身は、自分の体に起こった変化に気づかず、お母さんの急な心境の変化も理解できないため、精神的に不安定になってしまう場合もあります。

片腕一本分の距離を保つようにする

普通の男の子であれば、思春期になると自分で親から離れて、友だちとの時間を優先するようになります。ところが、特性のある子どもの場合は、友だちと外に出かける機会が少なく、ほとんど家にいることが多く、お母さんと二人の時間は減りません。

そこで思春期を迎えるに際しては、お母さんの方から上手に距離をとるようにしていきましょう。寝る部屋を別にし、一緒にお風呂入る頻度も徐々に減らして、最終的に一人で入れるようにしてあげましょう。

子どもが近づいてきたら、片腕一本分の距離をとるのがポイントです。付きすぎず離れすぎずの距離感を保つようにすると、子どもも戸惑うことなく、大人への階段を昇り始めることができるはずです。

ケース6 なぜか娘にはきつい物言いをしてしまう

自分がされたことを娘にもやっていることに気づこう

母親は娘と自分を重ね合わせる

お母さんにとって息子は「異性」なので、「これくらい元気な方がいいかも」「ちょっとくらいなら、まぁいいか」と無意識にジャッジが甘くなり、細かいことにいちいち口を出さない傾向があります。

一方、娘は「同性」なので、つい厳しく接し、きつい言い方をしてしまうケースが少なくありません。その裏には、二つの要因が考えられます。一つは、「自分と同じような失敗をしてほしくない」という思いです。娘に「パーフェクト・ウーマン」を望むあまり、ついジャッジが厳しくなり、細かいことにも口が出てしまうのです。

もう一つは、お母さん自身が母親から厳しくされ、ときには理不尽な扱いを受けてきた場合です。目の前にいる娘に、自分の子ども時代を重ね合わせて、つい親にされたような接し方やもの言いをしてしまう。同性だけに感情が先行して、娘を客観的にとらえられないのです。

自分の中の「インナーチャイルド」を見つめよう

特性を持つ娘の場合、言葉で言えば伝わり、できないことができるようになるとは限りません。それだけに口出しが多くなり、ときには感情的になってしまいがちです。しかし、娘も同性である母親を見る目はシビアです。「お母さんだってできていないじゃない」と、素直に聞く耳を持たなくなってしまうかもしれません。

娘にもっとやさしく接したい、客観的な目で見守りたいと考えるなら、自分の子ども時代を思い出してみましょう。自分はどんな子どもだったのかを考えるうちに、自分と娘がいかに似ていて、いいところもたくさんあるのに、悪いところばかりに目が行ってしまうか気づくでしょう。

自分に対してとった母親の態度がとてもいやだったのに、同じような態度を今自分も娘にしていることに気づくのではないでしょうか。この気づきこそが、お母さんが変わる第一歩になるはずです。

※インナーチャイルドとは……「内なる子ども」という意味。大人になってからも多くの影響を与えている、子どものころの記憶や感情を指す。

ケース7 特性を持つ子どもに手がかかり、ほかの兄弟まで気が回らない

兄弟・姉妹は平等に接するのが大前提

特性を持つ子どもの兄弟・姉妹はがまんを強いられる

子どもの兄弟や姉妹を「きょうだい児」といいます。きょうだい児は、日ごろから、がまんを重ねているところがあります。たとえば、きょうだい児はなにをしても「できて当たり前」と思われてしまいますが、特性のある子どもの場合は「できてすごいね」「えらいね」とほめられます。

また、きょうだい児が「アイスを買って」とおねだりしたときは「ダメよ」といわれたのに、特性のある子どもがねだった場合、かんしゃくを起こされると困るからと、つい買ってもらえるということがあります。きょうだい児にしてみれば、「なんで自分のときはダメで、弟（妹）はいいの？」と思うでしょう。

きょうだい児との時間をつくってフォローしよう

特性のあるなしに関わらず、兄弟・姉妹は「平等」に扱うのが鉄則です。しかし実際には、同じように扱えるわけではありません。特性のある子どもにはその場に応じた対応が必要ですし、関わる時間も長くなります。

特性のある子どもに手がかかる分、きょうだい児は「がまんしているのかも」「さびしい思いをしているかも」と考え、気にかけてあげましょう。特性がないからといって、できて当たり前ではありません。弟（妹）と一緒に遊んでくれたとき、散らかったおもちゃを弟（妹）の分まで片づけてくれたときなど、「えらいね」「いつも助かるわ」とほめてあげましょう。

たまには、きょうだい児とお母さんだけの時間をつくることも大切です。学校（幼稚園）の話や今興味のあることなどを聞いてあげたり、二人だけでお出かけするのもいいでしょう。

ケース8 夫が子育てに協力してくれない

夫の役割を明確にしよう

専門機関でお父さんの役割を指導してもらおう

子育てに非協力的なお父さんの話をよく聞きます。人それぞれでしょうが、「子どもをお風呂に入れてくれる？」「公園で一緒に遊んであげて」などと具体的に頼めば、「いやだ」という人はあまりいないのではないでしょうか。夫からしてみれば、子育てに関して自分の役割がよくわからないから、やらないだけかもしれません。

特性のある子どもの健やかな成長には、お父さんの関わりも欠かせません。もし、特性を持つ子どもにどう接したらいいかわからないというお父さんには、まずお母さんが日ごろの様子やクセなどをふまえて、ふだん自分がしていることを具体的に教えてあげるといいでしょう。

また、家族で相談や指導が受けられるプログラムを設けている療育施設もありますし、全国にある発達障害者支援センターでは、障害についての理解を深めたり、療育の仕方などが学べるセミナーを随時開催しています。一度夫婦で参加してみるといいでしょう。具体的な知識や方法がわかると、やる気になるお父さんは多いものです。

夫と妻としての時間をつくろう

それでも「子育ては母親の仕事」とばかり、関わろうとしないお父さんもいるかもしれません。そうした場合は、定期的に夫婦の時間をつくってみるといいかもしれません。子どものお父さんとお母さんとして接するのではなく、夫と妻として接するのです。

お母さんが子育てに奮闘したり、悩んだりしているとき、必要なのはお父さんではなく夫です。夫から「頑張ってくれているね」「助けてあげられなくてごめんね」といわれたら、救われた気持ちになるでしょう。実際には、そういった言葉をかけてくれる夫は少ないでしょうが、「今日、子どもがこんなことをいったんだけど、どう思う？」「あなただったら、どんなことをいってあげる？」というように問いかければ、一緒に考え、自分の意見を述べてくれるはずです。実際に子育てに関わる時間は少なくても、そういった形で夫に支えてもらうのも一つの方法です。

COLUMN

「親の会」や支援グループに積極的に参加しよう

発達障害の子どもの育児は、毎日が戦いといっても過言ではありません。悩みを一つ乗り越えたと思っても、また新たな悩みが持ち上がってきます。いったいこの戦いがいつまで続くのか、先はまったく見えません。

そうした大変な日々を過ごす保護者を支援する団体は、全国に数多くあります。たとえば、発達障害の子どもを持つ親が設立・運営している「親の会」です。発達障害全般を扱っているところや、ASD、ADHD、LDなどにそれぞれ特化しているところなどさまざまあり、同じ子育ての悩みを持つ親が集まって、情報交換や勉強会などを開催しています。また、親だけでなく、親子で参加できるイベントなども行われています。

こうした親の会に参加すると、役立つ情報や知識が得られるだけでなく、会員のさまざまな体験談などを聞くことで、子どものしつけ方の疑問が解決したり、将来の青写真を描く参考にもなります。また、子育ての悩みや不満を聞いてもらうことで、日ごろのストレスも軽減できるでしょう。興味があれば、一度参加してみるといいのではないでしょうか。

親の会には、小児科医や臨床心理士などの専門スタッフを擁しているところや親だけが集まるグループ、勉強中心の会や親子活動を重視する会など、それぞれに特色があります。自分の考えや子育てのスタイルに合う会を選びましょう。どんなに名の通った親の会でも、子育て法や考えが合わないところだとかえってストレスをためることにもなりかねません。「ちょっと違うかも……」と思ったら無理をせず、別の会に参加してみましょう。自分にとって居心地のいい場所であることが一番です。

第7章

診察室から診た
発達障害の子どもの子育ての問題点と対応策

宮尾先生の診察室には、発達障害の子どもはもちろん、発達障害の子どもを抱えて子育てに悩むお母さんやお父さんもやってきます。宮尾先生のカルテには、子育ての悩みや問題の解決に役に立つヒントがあります。

どんぐり発達クリニック院長　**宮尾益知**

子育てに参加したいお父さん お父さんが子育てに参加しないと悩むお母さん

子育てが原因で夫婦の関係が壊れていく

子どもが生まれることで、夫婦の関係が変わっていくのはあたり前のことです。お母さんは子育てにかかりっきりになり、お父さんの世話ができなかったり、夫婦の時間が持てない場合もあります。また、お父さんが子育てに協力しないといって強いストレスを抱えている場合もあります。まして、発達障害の子どもの子育ての大変さは、想像以上のものがあると思います。

毎日、診察室で子どもの様子をお母さんに聞いていると、お父さんの話しがまったくでてこないという人もいます。そこで、「お父さんはどんな人ですか」とお母さんに聞くと、「仕事ばかりで、家のことや子育てにまったく関心を示さない」、「自分のことばかりで子育ての大変さを理解しようとしない」といったようにお父さんに対する不満の声がでてきます。子育ての大変さが夫婦関係にも危機をもたらしているのです。

子育てに参加しないお父さんには、なにか原因があるかもしれない

日頃から診察室でお母さんの悩みや不満を聞いているうちに、発達障害を持つ親御さんを支援するカウンセリングが必要だと考えてあるセミナーを立ち上げました。

そこで、お父さんたちの話を聞くと、お母さんから聞いていたイメージとはまったく違い、礼儀正しく穏やかに見えました。ただ、中にはＡＳＤ（アスペルガー症候群）の特性がある人もいました。「カサンドラ症候群」という言葉をご存じですか。

――「カサンドラ症候群」とは、ＡＳＤ（アスペルガー症候群）の夫または妻（パートナー）と情緒的な相互関係が築けないために配偶者やパートナーに生じる身体的・精神的症状を表す言葉である（夫がアスペ

ルガーと思ったとき妻が読む本　宮尾益知・滝口のぞみ／河出書房新社より）――。つまり、子育てにまったく関心のない父親の場合、父親もまた発達障害の可能性があるというケースもあるのです。

お父さんがASDの場合、子育ての関わり方が誤解をまねく

一般に父親は母親よりも子どもと接する時間が短く、関わり方は世話やしつけというよりも遊びが中心になることは多く報告されています。

ＡＳＤの父親は、前提として「環境としての父親」として子どもを育み、伸ばしていくという視点で子育てを考えることが苦手なのです。わかりやすくいえば、妻の作った子育てのルールに協力せず、むしろ妻の作ったルールをわざと崩してしまうのです。妻からみると、夫自身が父親という家族の役割を担っていると思っていないか、忘れているようにみえるかもしれません。

しかし、ＡＳＤの父親が妻や子どもを大切にしたいと思っている気持ちや愛情が無いというわけではないのです。それどころか、妻や子どもに好かれたい、役に立ちたいと思っているのです。ただ、「環境としての父親」という役割がわかりにくく、学習もしていないので情報がないだけなのです。

その結果、妻の望むようにするか、子どもの望むようにするかの二つから選択するしかなくなります。妻から要求があれば、そればかりに従い、子どもが望めば、子どものいう通りにしてしまい、「親という立場」からなにが必要か考えられなくなってしまうのです。

お母さんが、子どものために野菜を食べさせようとして苦労しているのに、お父さんは、子どもの好きなものばかり食べさせる……。あるいは、インターネットの時間を決めても、お父さんは好きなだけ子どもに使わせる……。その結果、お母さんだけが悪者になってしまい、お母さんのストレスはますます強くなってしまいます。

このような問題の解決に対しては、専門家がＡＳＤの父親にていねいに説明していくことが有効です。なぜなら、社会的に評価されていることがＡＳＤの父親には理解されやすいからです。

ＡＳＤの父親に子育てに参加してもらうためには、お父さんへの具体的な情報を増やし、父親のしてくれた良い行為には積極的にほめてあげましょう。ＡＳＤの父親であってもお父さんなりの愛情や思いがあることを妻が認めてあげることで、お父さんも子育てに参加するようになるはずです。

お母さんがぜひ知ってほしい子どもの悩みのじょうずな聞き方

子どもに話させず自分のことばかり話すお母さん

診察に母子で来院してきたお母さん。私が子どもに話を聞いても全部お母さんが自分で答えてしまいます。子どもが話し出そうとしても、子どもに話させないようにしているお母さんもいます。お母さんなりに一生懸命に子どもの状況を説明しようとする気持ちは理解できます。しかし、思春期前後の子どもであれば、直接子どもに話を聞いた方がその後の治療に役立つことは言うまでもありません。

お母さんにしてみれば、特性のある子どもが話すより、自分が話した方がわかるはず、という思いがあるのかもしれません。私から見れば、「このお母さんは、家の中でも子どもの話を聞くよりも自分の話を子どもに押し付けているのかな」と思ってしまいます。

そこで、お母さんに子どもの悩みや話をじょうずに聞く方法を教えてあげることもあります。

話を聞いてあげる、という姿勢を見せる

思春期前後になると、特性を持っている子どもは、他の友だちとの違い、勉強や学校生活、友だちのこと、将来への不安などさまざまな悩みを抱えています。しかし、特性のために、こうした悩みをじょうずに訴えたり相談することが苦手です。

なかには、小さなころからいつも注意されることが多く、「いつもしかられてばかり」と被害者意識を持っている子どももいます。「なにを言っても聞いてもらえない」と孤立感を深めてしまう前に子どもの話を聞いてあげる環境を作る必要があります。

子どもが失敗したとき、大きな声をあげたときなど、まず注意する前に「どうしたの?」と子どもの言い分を聞いてあげるようにするだけで

子どもが落ち着く場合があります。子どもが落ち着いてきたら、兄弟や人のいないところで話を聞いてあげましょう。

悩みを目で確認できるようにする

特性のために話したり聞いたりすることが苦手な子どもに対しては、ノートなどに悩みを文字に書いて一つひとつ確認していくことで効果が上がる場合もあります。

子どもの悩みを聞いたらノートに書いて解決方法を悩みの下に書いて一緒に確認します。また同じような悩みが起きた場合、子どもと一緒に確認することで子どもも納得できるはずです。

話を聞いてあげることは、子どもに対して理解者がいるというメッセージにもなります。

ただし、子どもが聞いてほしいと思っていないときやなにかやろうとしていないときに、「一人でできる?」「お母さんがやるよ」などという過剰な支援は子どもの自立心を奪ってしまうことにもつながります。過剰な支援より、「困っているときには、お母さんとお父さんが必ず助ける」という姿勢を見せることで、子どもは安心して成長していくことができます。

子どもが話しやすい環境をつくる

子どもの悩みや話を聞くときは、1対1が基本です。

静かな部屋

➡音楽が流れていたり人がいると、気が散ってしまい落ち着いて話せません

書くものを用意

➡うまく話したり聞いたりすることが苦手な子には、悩みを書いて確認しながら聞きます。解決方法が見つかったら、それを大きな紙に書いて子どもの部屋に貼っておけば、子どもはいつでもそれを確認でき安心します

決めつけない

➡どもが悩みを訴えようとしているのに、「あなたの責任でしょ」「いつも言っているでしょ」といったように決めつけるような言い方は、避けましょう

相談相手を変える

➡話の内容や悩みによって聞く相手を変えてみるのも効果があります

命令調で質問しない

➡子どもが話そうとしているのに、「早く話しなさい」「なにが言いたいの」などと命令調で話されると、子どもはまた叱られていると萎縮して話せなくなってしまいます

自分で解決させる

➡「ひとりでも大丈夫？」など特別扱いし過ぎると、子どもは劣等感を持ったりします。困ったときだけ相談に乗るという姿勢を見せることで、子どもも少しずつ成長していきます

診察室から

子どもたちにインターネット依存症が現れた

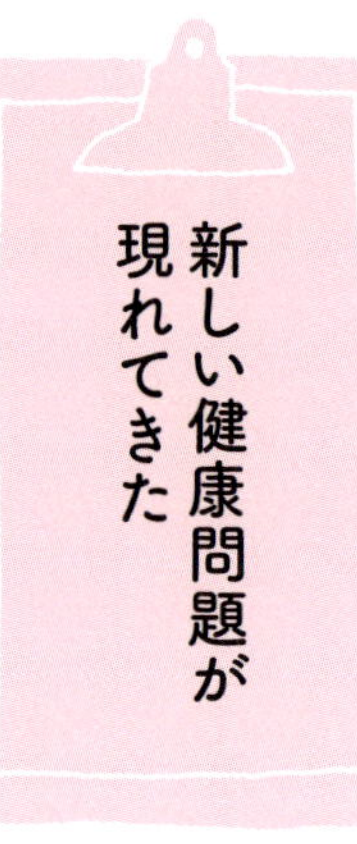

近頃、家庭の中でもゲームやインターネットを長時間している子どもたちの姿を多く見るようになってきました。

そのような状況にもいよいよ問題が発生してきたのです。「インターネットゲーム障害」です。

実際、「インターネットゲーム障害」はアメリカで使われている発達障害の判断基準であるDSM―5の中で、今後研究を進めなければならない精神疾患の一つとして新たに提案されました。

DSM-5では、〝dependence（依存）〟という言葉は使われておらず、「インターネットゲーム障害」に対しては〝addiction（アディクション）〟という言葉で説明されています。

アディクションは〝嗜癖〟と訳されます。

特定の物質の摂取、習慣や行動などが行き過ぎてしまい、特定の物質や行動を渇望するあまり、自分自身をコントロールするのが困難になった状態を指しています。

一方、〝依存〟はアルコール、ニコチン、覚醒剤、ある種の降圧薬など、なんらかの物質に対して渇望や離脱症候などが生じた状態を意味すると考えられています。

その状態の中にはアディクションを起こす場合もあれば、アディクションを起こさない場合もあるとされています。

〝嗜癖〟〝依存〟のいずれの場合にも、行き過ぎた行動のため、さまざまな健康問題や社会的問題を引き起こすことがあります。

余談ですが、社会問題化しているものの中にはギャンブルもあります。DSM-5では、アルコールや覚醒剤などなんらかの物質による「物質関連障害」と並んで、ギャンブルに対するアディクションとして「ギャンブル障害」も精神疾患として正式に採用されたのです。

さて、インターネットゲームに対するアディクションとして「イン

1. ネットに夢中になっていると感じている。たとえば、前にネットでしたことの思いにふけったり、次にネットをすることにワクワク感を持って待っている。

2. 満足を得るため、ネットを使用している時間をだんだん長くしていかなければならないと感じている。

3. ネットの使用を制限したり、使用時間を減らしたり、完全にやめようとしたが、うまくいかなかったことがたびたびあった。

4. ネットの使用時間を減らしたり、完全にやめようとした時、落ち着きの無さ、不機嫌、落ち込み、またはイライラなどを感じた。

5. はじめ意図したよりも長い時間オンライン状態でいる。

6. インターネットのために、大切な人間関係や仕事、教育や出世の機会を逃すようなことがあった。

7. ネットに長時間アクセスしているのを隠すために、家族や治療者、他の人たちに対して嘘をついたことがある。

8. 問題から逃れるため、または絶望的な気持ち、罪悪感、不安、落ち込みといった嫌な気持ちから開放されるための方法としてネットを使っている。

※Kimberly Young開発、８項目以上５項目以上にあてはまればネット依存症とする。
インターネットに依存しているかどうかはこれらの項目をチェックすることでわかります。

ターネットゲーム障害」が、今後検討の必要な疾患としてDSM-5で初めて提案されたのです。

インターネット依存症の診断基準とは？

現代では実際にインターネットゲーム障害とともに、インターネット依存症も増えています。インターネット依存症に気づくには、上記のような項目でチェックしてみることが必要です。

　インターネットに依存しているかどうかは上記のリストに記されている8つの項目をチェックすることでわかります。インターネットが必要不可欠になってきた現代、まずは子どもたちが過度にインターネットにアクセスしているのかどうかを知ることが重要です。

ネット社会から子どもを守るルール作りを

インターネット依存症に陥らないためには

まず厚生労働省が行った調査の結果を紹介します。中高生を対象に、インターネット依存症について行ったアンケートの結果です。

インターネット依存症かどうかのチェック項目に従ってアンケートをした結果、中高生の8.1％（中学生6.4％、高校生9.4％）が5項目以上あてはまっていました。男女の内訳では男子6.4％、女子9.9％で女子のほうが高い結果になったのです。これが現代の子どもたちの実情であることは間違いありません。

子どもがネットをはじめる前に親が知っておくこと

それでは、子どもたちをインターネット依存症にしないためにはどうしたらいいのでしょうか？　そのためには、まずルールを作っておく必要があります。

はじめに、パソコンの所有権は親にあり、親よりスペックの高いパソコンの機種を子どもたちには与えないようにすることが大事です。

- 「就寝時間2時間前の夜9時以降は使わない」など、利用時間をきめる。
- 規則正しい生活習慣を身につけさ
- 時間の大切さ（切り替え）を教える。
- パソコンやスマホはリビングに据置きし、部屋に持ち込ませない。
- 自己管理できるまで子ども一人ではは利用させない。子どもにパソコンのパスワードやロックをかけさせない。
- フィルタリングソフトウェアで利用できる時間や内容を制限する。
- 利用金額を本人に知らせる。
- SNSなど、インターネット上の人間関係でも相手を思いやることが大切だと伝える。
- 利用内容についてルールを作る。
- 個人情報が漏れる、犯罪に巻き込まれるなどのネットの危険性を伝える。

せる。

今後ますます注視が必要になってくるインターネットとの付き合い方も、親がしっかり子どもたちに教えなければならない時代なのです。

インターネット依存症と思ったら……

もし、インターネット依存症になってしまった場合、現在はさまざまな対処法が用意されてきました。まずはインターネット依存症になってしまった本人に問題意識を持たせることが必要になります。

患者に、「このままではいけない」と思えるように、問題意識を持たせることです。患者に行動記録を書かせ、どれだけネットに時間を使っているのかを目で見えるようにすることです。認知行動療法を取り入れることもあるのです。

そしてネットの時間を減らしていきます。インターネットのアクセス時間を減らしていくことを目標にします。そのためにはネットの代わりになるものを見つけなければなりません。治療として運動療法や作業療法を取り入れることもあります。

ネットの利用をコントロールできるようになる

ネット以外のことに目を向けるようになると、使用時間が短くなっていきます。自制が効いて、ネットの利用が必要最低限になります。この状態になればネット依存症から回復したといえるでしょう。ネットのない状態に慣れさせるため、デジタルデトックスをすることもある。

インターネット依存といっても、時間管理ができれば、依存ではなくなります。衝動的で時間管理ができないために、依存状態になっていると考えられ、時間概念、段取り、切り替えが関係するのであれば、小脳と頭頂葉でノルアドレナリンを増加させるアトモキセチンなどが依存症解決の有効手段である可能性も考えられています。

寝たくない、起きていたい、ゲームがしたいこの気持ちは、気持ちが休まる、体の力が抜けることで睡眠に誘導する、いわゆる眠剤では効果が弱いのです。強力な眠剤を使えば朝起きられないことが起こり、昼夜逆転が起こるかもしれません。

最近は、睡眠ホルモンを増加させ、起きている状態をストップさせるメラトニン製剤ではなく、覚醒ホルモン（オレキシン）の拮抗薬を使い、覚醒していることができなくなり、ゲームへのモチベーションを下げる考え方が始まっています。

ロボットが発達障害の子どもの解決手段になる日

発達障害の子どものためにロボットを

私が成育医療センターにいた頃、友人からロボットを医療現場で使えないか、発達障害の子どもの役に立たないか考えているロボット学者がいるという話が届きました。そのお一人が、大阪大学工学部システム創成専攻知能ロボット学研究室の石黒浩先生でした。先生を紹介され、療育センターまできていただいたとき、石黒先生はこう言いました。

「人類は創世記から自然界に適応し、あるいは克服して生き残るために道具を作り、動力や汽車、自動車、電気などの技術開発を続けてきました。機械は人間の機能を拡張するものであり、人間の能力をヒントに作られるものなのです。そして僕が手がけるロボットも人間を映す鏡としての人工物で「人間とはなにか？」という普遍の問いに、直接ロボット技術で応える時代に差しかかってきたと思っています」

石黒先生と出会った頃はまだ発達障害、アスペルガー症候群などの言葉はあまり知られていない時代で、発達障害の子どもたちがロボットと出会った時にどう思うのかということさえ誰も知りませんでした。

私はまず、アンドロイド（アンドウサン）を成育の総合待合室に置いてみました。アンドウサンは数通りの表情ができ、目や口が動きます。顔も左右に動かすことができ、キーボードを媒介に遠隔操作で話をすることもできます。総合待合室では、子どもたちも親も楽しそうにロボットと話をしていきました。

ロボットと楽しく話す自閉症の子ども

次に、私が顧問をしている自閉症の人たちのための学校に、アンドウサンを持っていきました。対人恐怖があり、目を見ることも難しく、特に女性とは話のできない自閉症の子どもたちでしたが、ロボットとはまるで親しい人と話をするように話が進んでいきます。それも目をじっと見つめながら。

アンドウサンが「手を触ってもいいよ」といった時には、「本当にいいんですか、痛くないですか」と子どもたちがいっていました。まるで友だちと話しているかのようです。

その後、アンドウサンを遠隔操作していた大学院生の女性に、一人ひとりの自閉症の子どもと対人で話をしてもらいました。そこには、いつもと同じように、目を見て話すことができない対人恐怖のある子どもたちがいたのです。ロボットと話をして楽しそうにしていた様子とはほど遠かったのです。

自閉症の人たちは人間よりロボットとコミュニケーションが取りやすいのはなぜか。彼らのコミュニケーションを改善する方法の一つにロボットを使えないだろうかとも考えるようになりました。メンバーは小児科医である私と精神科医で現在は金沢大学子どものこころ発達研究センターの熊崎博一先生。大阪大学で石黒先生とロボット研究をしている吉川雄一郎先生。筑波の産業総合研究所、ロボットイノベーション研究センターの松本吉央先生の4人で相談しながら研究を進めてきました。

画期的イノベーションで問題を解決できる

自閉症の人たちは、人の目を見るのが恐怖だと言われています。ロボットは見られても見返すことはできません。ですから、目を見ても恐怖（感情）を感じることはありません。表情は、眉毛、目、口などが動くことにより作られています。それらの動きの集合で表情を創造しており、ロボットの表情はとてもわかりやすいと思います。また、ロボットは自主的に話すのではなく、操縦者がキーボードで言葉を入力することにより、話をします。話した後、返事を待つ間の間が自閉症の彼らにとっては絶妙な間のようです。

人間同士の会話では、すぐに返事を求めるため、即座に話すことが難しい自閉症の彼らにとってはとても緊張する瞬間です。そのため、返事がオウム返しになってしまったり、言ってはいけないことを言ってしまったり、会話の流れとは関係のないことを言ってしまうのです。

私のクリニックにもロボットがいます。診察の合間に私と自閉症の子どもたちのコミュニケーションを助けてもらったりしています。工学と医学がともに自閉症や自閉症スペクトラムの人のために研究をしていく。日本ではまだ少ない状態ですが、これからが楽しみです。

監修者略歴：**宮尾益知**（みやお　ますとも）

東京生まれ。徳島大学医学部卒業、東京大学医学部小児科、自治医科大学小児科学教室、ハーバード大学神経科、国立成育医療研究センターこころの診療部発達心理科などを経て、2014年にどんぐり発達クリニックを開院。主な著書・監修書に『発達障害の治療法がよくわかる本』、『発達障害の親子ケア』、『女性のアスペルガー症候群』、『女性のＡＤＨＤ』（いずれも講談社）、『アスペルガーと愛』（東京書籍）、『子どものＡＤＨＤ』、『親子で乗り越える思春期のADHD』『女の子の発達障害』『職場の発達障害』（いずれも河出書房新社）など。専門は発達行動小児科学、小児精神神経学、神経生理学。発達障害の臨床経験が豊富。

協力：**オーク発達サポート**

どんぐり発達クリニックの宮尾益知先生を中心に、異なった特性を持つ子どもたちの発達の問題を解決しながら成長を支えます。また、発達障害をサポートする専門家を育てていくことと、社会の中で発達障害の人たちが活躍できる環境を適切に作っていくお手伝いをしていく会社です。

参考図書：『女性の発達障害』宮尾益知／監修　河出書房新社
『女の子の発達障害』宮尾益知／監修　河出書房新社
『親子で乗り越える　思春期のＡＤＨＤ』宮尾益知／監修　河出書房新社
『親子で理解する発達障害　進学・就労準備の進め方』鈴木慶太／監修　河出書房新社
『親子で乗り越える　思春期の発達障害』塩川宏郷／監修　河出書房新社
『発達障害の子どもが伸びる　ほめ方・しかり方・言葉かけ』塩川宏郷／監修　河出書房新社
『女性のアスペルガー症候群』宮尾益知／監修　講談社
『女性のＡＤＨＤ』宮尾益知／監修　講談社
『これでわかる　発達障がいのある子の進学と就労』松為信雄　奥住秀之／監修　成美堂出版
『発達障害の子どもの心がわかる本』主婦の友社

Staff：装丁／志摩祐子（レゾナ）
本文デザイン・DTP／志摩祐子、西村絵美（いずれもレゾナ）
カバー・本文イラスト／横井智美
企画・構成／佐藤義朗
取材・執筆／関根利子
編集／西垣成雄

ASD（アスペルガー症候群）、ADHD、LD
お母さんができる
発達障害の子どもの対応策
問題行動を理解してお母さんと子どもをサポートする本

2017年7月20日初版印刷
2017年7月30日初版発行

監　修　宮尾益知
発行者　小野寺優
発行所　株式会社河出書房新社
　　　　東京都渋谷区千駄ヶ谷2-32-2
電　話　03-3404-8611（編集）
　　　　03-3404-1201（営業）
http://www.kawade.co.jp/

印刷・製本　図書印刷株式会社

Printed in Japan　ISBN978-4-309-24813-4

落丁本・乱丁本はお取替えいたします。
本書掲載記事の無断転載を禁じます。
本書のコピー、スキャン、デジタル化等の無断複製は著作権法上での例外を除き禁じられています。本書を代行業者等の第三者に依頼してスキャンやデジタル化することは、いかなる場合も著作権法違反となります。